よく使うことばで学ぶ韓国語 改訂版

イ・ユニ　水谷清佳

李 南錦　崔 英姫

睦 俊秀

JN067853

朝日出版社

── 音声サイトURL ──

https://text.asahipress.com/free/
korean/kaiteiyokukan/index.html

装丁　申智英

イラスト　成賢昡

著者あいさつ

　みなさん、アンニョンハセヨ？ このたび、「よく使うことばで学ぶ韓国語」の改訂版を発刊することになりました。言語教育理論と教材論をベースに、教育現場で培った経験から生み出された教授法により、みなさんのかゆい所に手の届くテキストを目指しました。

　本文や例文には使用頻度の高い単語を選出しています。最新の科学的な研究で発表された、韓国語使用頻度のコーパス（韓国国立国語院）の中から選択しているため、よく使う単語を中心に効率良く学ぶことができます。

　本書は全 20 課で構成されていますが、適所に総合的な復習を配置することによって確実な定着がはかれるよう工夫しました。改訂版からは 2 課ごとに、最新の言語教育の理論に沿った Task（会話遂行教室活動）を配置することで、生き生きとした会話で学習目標が達成できるようにしました。学習した範囲で行えるもっとも効果的な教室活動です。また、視覚的な記憶効果を利用した学習方法を取り、できるだけ日本語を介さない授業ができるように、単語習得にとって効果的なイラストを掲載しました。

　本書の特徴として、ハングル文字と発音の学習は文字の中から発音のヒントをみつけるという、独特な教授法を採用しています。それは、具体的な体験を通して発音時に動く発音器官を知ることで、文字を丸暗記せず楽しく学ぶことができるだけでなく、発音の変化をも簡単に理解することができるように計算されたものです。この連係的教授法による学習は、発音の化石化（Fossilization）を防ぎ、正確で美しい発音を身につけることができます。

　本書での学習が終わる頃には比較的長い文が話せるようになり、韓国語の会話が楽しめるようになっていると思います。教室活動の Task をしっかり口に出しながら、楽しく学んでいきましょう！

2021年 秋
著者

目次

제 *1* 과 　韓国語のしくみ

韓国語のしくみは日本語によく似ていてうりふたつです。

◆ 語順は日本語とほぼ同じ。

図書館	で	本	を	探し	ます。
도서관	에서	책	을	찾	습니다.
トソグァン	エソ	チェク	ウル	チャッ	スムニダ

◆ 敬語がある。

本	を	探	され	ますか?
책	을	찾	으시	ㅂ니까?
チェク	ウル	チャッ	ウシ	ムニッカ?

◆ 漢字由来の言葉が多い（漢字の音はほとんどが1字1音）。

時計［シゲ］、計算［ケサン］、算数［サンス］

高温［コオン］、温度［オンド］、速度［ソkット］

家具［カグ］、民族［ミンジョk］

練習

意味をあててみましょう。

① ［コソk］？（ヒント：高温・速度）

② ［カジョk］？（ヒント：家具・民族）

● ハングル文字のしくみ

◆ ハングル文字は子音字と母音字が組み合わさって1字、1字は1拍で発音。

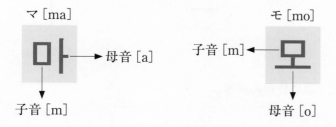

マ[ma]
子音 [m] → 母音 [a]
子音 [m]

モ[mo]
子音 [m] ← 子音
母音 [o]

◆ 子音字と母音字と子音字が組み合わさって1字1拍。

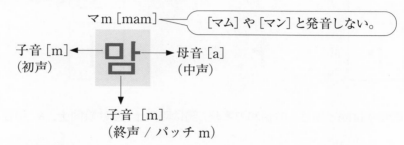

マm[mam]   [マム]や[マン]と発音しない。
子音 [m] ←   → 母音 [a]
（初声）   （中声）
子音 [m]
（終声 / パッチ m）

◆ パッチmに子音字が2つ続く場合も1拍で発音。

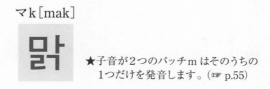

マk[mak]

★子音が2つのパッチmはそのうちの
1つだけを発音します。(☞ p.55)

練習

どんな発音?

① 몸

● ハングル文字の成り立ち

◆ 母音字の基本は「天地人」から。

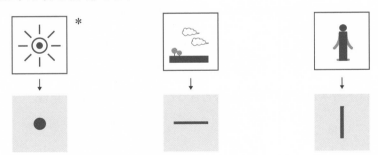

◆ 母音字は自然界の陽と陰の世界の描写。

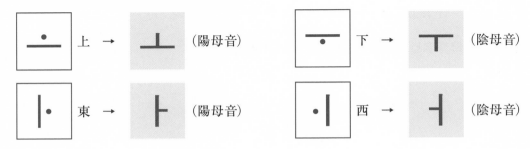

◆ 母音字は陽と陰と人の調和の表現。陽は陽同士、陰は陰同士、人（中性）はどちらとも。

こんな母音字はある？

①

＊「訓民正音」では単に「天」と書かれています。ここでは、皆さんが理解しやすいように「天」を「太陽」に例えて説明しています。

4

◆ 子音字の基本は発音するときの発音器官を象って。

1. のどに息が通るときの 　音のグループ	→	○
2. 舌の奥が上あごに着くときの 　音のグループ	→ ㆁ →	ㄱ
3. 舌の先が歯茎に着くときの 　音のグループ	→	ㄴ
4. 前歯が発音に関与する 　音のグループ	→	ㅅ
5. 両唇がくっ付いて発音される 　音のグループ	→	ㅁ

◆ 子音字は息の流れの表現。

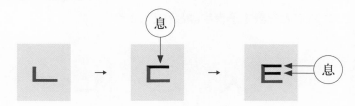

息

ㄴ → ㄷ → ㅌ ← 息

練習

唇が発音に関与する子音字は?

① 　　② 　　③

練習

1. 次の言葉をヒントに意味をあててみましょう。

　　① ［シミン］（ヒント：都市［トシ］・民族［ミンジョk］）

　　② ［シソk］（ヒント：時計［シゲ］・速度［ソkット］）

2. こんな母音字はあるでしょうか?

　　①　ㅓ

　　②　ㅗ

3. 次の質問に答えてみましょう。

　　① 次のうち「陽母音」ではないものはどれでしょう?

　　　　(1) ㅏ　　　　(2) ㅗ　　　　(3) ㅓ

　　② 次のうち「陰母音」ではないものはどれでしょう?

　　　　(1) ㅗ　　　　(2) ㅓ　　　　(3) ㅜ

4. 舌の奥が上あごにつくことを表す子音字はどれでしょう?

　　①　ㄱ　　　　　②　ㅅ　　　　　③　ㄴ

5. どんな発音でしょうか?あててみましょう。

　　① 　ヒント：ㅁ［m］+ ㅏ［a］+ ㅁ［m］

大いなる文字、ハングル

　いよいよ韓国語の勉強が始まりましたね。この課に出てきた漢字由来の言葉を見ても分かるように、日本語と同じやそっくりな発音をする単語も沢山あります。また、ことわざや四字熟語からもうりふたつのものをみつけることができます。

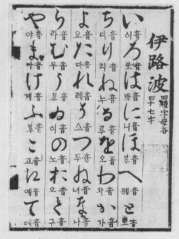

　ハングルは、陰暦の1443年12月に、朝鮮時代の4代目のセジョン（世宗）大王を中心とした学者たちによって作られ、1446年に「訓民正音」という名で公表されました。現在は「大いなる文字」という意味の한글（ハングル）という名前で呼ばれていますが、地球上に存在する文字のうち、作った人物や作られた年が分かる珍しい文字であるため、その製字原理の記録本が1997年にユネスコの世界記録遺産に登録されました。

　当時、漢字を崇拝する学者の猛反対にあいながらも世宗が推し進めた訓民正音は、結果的には自分たちのことばを完璧に記すことができただけでなく、漢字の発音や周辺国のことばをも書き留めることができたため、日本や中国のことばの変遷を知る貴重な資料を今に残すことが出来ました。

　「천 리 길도 한 걸음부터（チョルリキルド ハn ゴルmブトʰ）」すなわち「千里の道も一歩から」。とっても身近で世界に広がる韓国語をコツコツと確実に覚えていきましょう。

〈伊呂波（字母）1492年〉

제 **2** 과 　母音を学ぼう（単母音）

 スキット

안녕하십니까(안녕하세요)?

어서 오십시오(어서 오세요).

 発音

★ 発音のカタカナ表記のうち、特に間違いやすい部分は発音記号で表していますが、正確な発音を
　伝えるための工夫です。

안녕하십니까? / 안녕하세요?　　［アンニョンハシmニッカ / アンニョンハセヨ］

어서 오십시오 / 어서 오세요　　［オソオシpッシオ / オソオセヨ］

안녕	【安寧】
안녕하십니까? / 안녕하세요?	お元気ですか?・おはようございます・こんにちは・こんばんは
어서	ようこそ・はやく
오십시오 / 오세요	来てください・お出でください

知っ得ポイント

3

◆ 안녕하십니까?と안녕하세요?はどう使い分ける?

　韓国語の丁寧な表現には합니다 [ハmニダ]（または습니다 [スmニダ]）体と해요 [ヘヨ]（または어요 [オヨ]）体の2パターンの表現があります。ハmニダ体は、初対面や公的な場などのかしこまった場面で、ヘヨ体は打ち解けた場面で用います。ヘヨ体は最後に요[ヨ]が付くのが特徴的で、親近感を含めたやさしい言い方ですので日常会話では頻繁に使われます。

안녕하십니까?　→　かしこまった場面で用います。（ハmニダ体）
안녕하세요?　→　打ち解けた場面で用います。（ヘヨ体）

文法

単母音

　　発音し始めの唇の形と、し終えたときの唇の形が同じ母音を単母音といいます。唇を平らにする音と唇をまるめる音がありますが、その区別をはっきりさせることが発音のコツです。唇を平らにする音か、まるめる音かを母音の短い棒の位置により簡単に区別する方法を紹介します。

唇を平らにする単母音（平唇母音 / 非円唇母音）

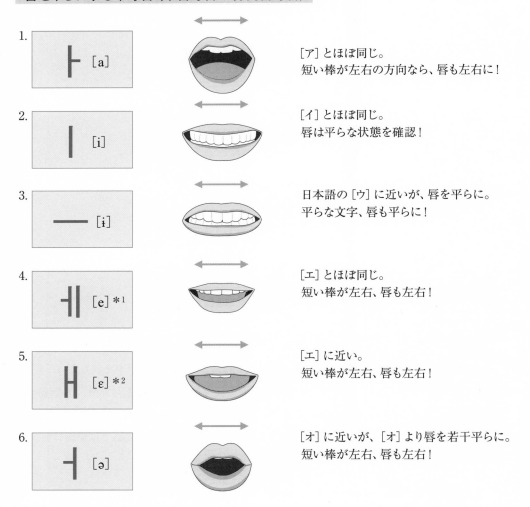

1. ⊦ [a]
[ア] とほぼ同じ。
短い棒が左右の方向なら、唇も左右に！

2. │ [i]
[イ] とほぼ同じ。
唇は平らな状態を確認！

3. ─ [ɨ]
日本語の [ウ] に近いが、唇を平らに。
平らな文字、唇も平らに！

4. ㅔ [e] *1
[エ] とほぼ同じ。
短い棒が左右、唇も左右！

5. ㅐ [ɛ] *2
[エ] に近い。
短い棒が左右、唇も左右！

6. ⊦ [ə]
[オ] に近いが、[オ] より唇を若干平らに。
短い棒が左右、唇も左右！

---

*1. 元々は [əi] からの音変化。日本語の [オイ] が [エ] となる（例：[スゴイ→スゲー]）のと似ている。
*2. 元々は [ai] からの音変化。日本語の [アイ] が [エ] となる（例：[イタイ→イテー]）のと似ている。正確な発音では ㅔ [e] より口を開いて発音するが、実際の会話では ㅔ [e] と区別しないで発音する。

唇をまるめる単母音（円唇母音）

7.  [u]

［ウ］に近いが［ウ］ではない。
［ウ］より唇をしっかりまるめる。
短い棒が上下の方向なら、唇も上下に！

8.  [o]

［オ］に近いが［オ］ではない。
［オ］より唇をしっかりまるめる。
短い棒が上下、唇も上下！

知っ得ポイント

◆ ハングル文字の書き方

　　ハングル文字は子音字から書き始め、次に母音字を書きます。母音字のみを書くときは、子音の中で音がないことを表す「ㅇ」を最初に当てます。文字の書き順は左から右へ、上から下のほうへ書きます。

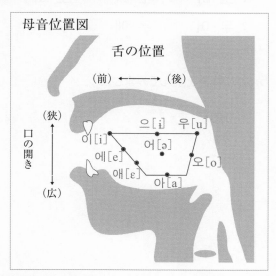

母音位置図

아	이	우	으	에	애	오	어
［ア］	［イ］	［ウ］	［ウ］	［エ］	［エ］	［オ］	［オ］

練習 ─────────────────────────────────────

5

1. 次の母音を発音してみましょう（唇を平らにして発音することに注意）。

    ① 아·어   애·에   으·이

    ② 아·애   어·에   으·이

2. 次の母音を発音してみましょう（唇をまるめて発音することに注意）。

    ① 오·우

    ② 우·오

3. 次の母音を唇の形をはっきり区別して発音してみましょう。

    ① 오·어

    ② 우·으

4. 次の母音を唇の形に注意して発音してみましょう。

    ① 오·아   오·애   오·이

    ② 우·어   우·에   우·이

5. 次の単語を読んでみましょう。

    ① 아이   ② 오이
      子供   きゅうり

6. 読みながら書いてみましょう。

아	애	어	에	오	우	으	이

아	이	우	에	오

> ハングルで［アイウエオ］を書くときは、こちらの母音を使います。

쉼터

漢字とハングル

　スキットで学んだ안녕하십니까?と안녕하세요?の안녕など、ハングルで表記されたものも実は漢字で書き表すことができます。大半の韓国人の名前には漢字が使われ、新聞には時々漢字交じりの文章が登場します。また、例外はありますが漢字1文字に対し読みが1つであることも特徴です。例えば「社会」は「사회［サフェ］」と表記します。「社」は「사［サ］」、「会」は「회［フェ］」であることを覚えておけば、「会社」は「회사［フェサ］」となることが分かるはずです。漢字の音を覚えればみるみるうちに語彙が増えていくことでしょう。

　しかし最近の韓国では、ほとんどの活字や看板などがハングルで表記されており、名前にも漢字のないハングル名を用いる人もいます。

母音を学ぼう（二重母音）

スキット

> 안녕히 계십시오(안녕히 계세요).
>
> 안녕히 가십시오(안녕히 가세요).

発音

안녕히	［アンニョンヒ］
계십시오 / 계세요	［ケシpッシオ / ケセヨ］
가십시오 / 가세요	［カシpッシオ / カセヨ］

 単語

안녕히	お元気で
계십시오 / 계세요	居てください（かしこまった場面 / 打ち解けた場面）
가십시오 / 가세요	行ってください（かしこまった場面 / 打ち解けた場面）
안녕히 계십시오 / 계세요	さようなら（去る側）
안녕히 가십시오 / 가세요	さようなら（見送る側）

知っ得ポイント

7

◆ 普通の会話では発音が変わる？

　普通のスピードで話す会話では、ゆっくり・正確に話すときと発音が異なる場合があります。[h]の音の息が弱まったり、2つの母音が1つに縮約された形で発音することがあります。また、会話でことばとことばを繋いで発音することがありますが、繋ぎ目の子音を濁音のように発音することがあります。

　　안녕히 계십시오 / 계세요　[アンニョンイゲシpッショ / ゲセヨ]
　　안녕히 가십시오 / 가세요　[アンニョンイガシpッショ / ガセヨ]

文法

二重母音

　発音し始めの唇の形とし終えたときの唇の形が異なる母音を二重母音といいます。日本語の「ヨ [jo]」や「ワ [wa]」に当たる母音です。

　簡単に覚えるコツは単母音を足し算することです。

イ[j]から始まる二重母音

　単母音の이の後に単母音の아, 애, 어, 에, 오, 우を足して、1拍で発音する母音です。文字上では短い棒が2つずつになります。増えたもう一つの短い棒が이を表していると覚えると簡単です。

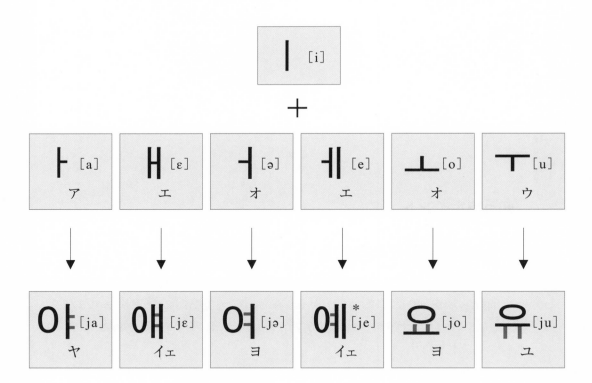

───────────────

＊母音ㅖは、一部の例を除き、実際の会話では [ㅔ] と発音されることがほとんどです。

　例) 우유예요[우유예요 / 우유에요]　계세요[계세요 / 게세요]

ウ[w]から始まる二重母音

単母音の오,우,으の後に単母音を足して、1拍で発音する母音です。このときの足し算は、陽母音は陽母音同士、陰母音は陰母音同士のみの組み合わせが可能で、이 (中性母音) はどちらとも組み合わさります。

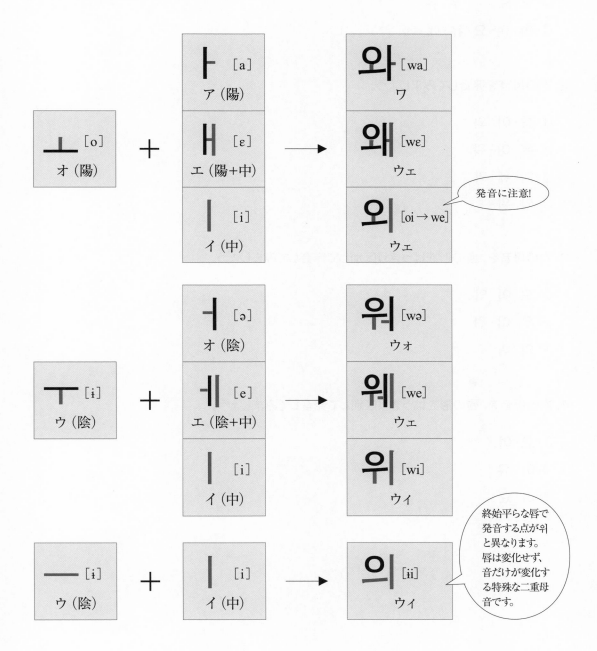

練習

1. 次の母音を発音してみましょう。

　　① 아·야　　애·얘

　　② 어·여　　에·예

　　③ 오·요　　우·유

　　④ 야·여·요·유·얘·예

2. 次の母音を発音してみましょう。

　　① 오·아·와

　　② 우·어·워

　　③ 왜·웨·외

　　④ 외·위

3. 次の母音を、唇の形をはっきり区別して発音してみましょう。

　　① 으·이·의

　　② 우·이·위

　　③ 의·위

4. 次の母音を、唇の形をはっきり区別して発音してみましょう。

　　① 요·여

　　② 야·유

　　③ 여·요

5. 次の単語を読んでみましょう。

① 우유　
　【牛乳】

② 예　
　はい

③ 왜　
　なぜ・どうして

④ 위　

6. 読みながら書いてみましょう。

야	애	여	예	요	유

야	이	유	에	요

ハングルで［ヤイユエヨ］を書くときは、こちらの母音を使います。

와	왜	외	워	웨	위	의

쉼터

お別れのあいさつの使い分け

　日本語では別れのあいさつは「さようなら」の一言ですが、韓国語では見送る側と立ち去る側であいさつが変わります。안녕히 가세요は見送る人が立ち去る人に「お元気で行ってください」という意味で言い、안녕히 계세요は立ち去る人が見送る人に対して「お元気で居てください」という意味で言います。友達同士の間では안녕だけで「バイバイ」や「じゃあね」といった感覚で使用します。また안녕히 가세요に対応して잘 가［チャℓガ］、안녕히 계세요に対応して잘 있어［チャリッソ］もよく使います。

제 **4** 과　子音を学ぼう（のどの音）

또 오십시오(또 오세요).

또 만납시다(또 만나요).

또 오십시오 / 또 오세요	［ットオシpッシオ / ットオセヨ］
또 만납시다 / 또 만나요	［ットマンナpッシダ / ットマンナヨ］

또	また・再び・更に
만납시다 / 만나요	会いましょう

知っ得ポイント

◆ 修飾語は後に続く用言とくっ付けて発音

　日本語の普通の会話では、「はやく」や「また」などの副詞（修飾語）は後に続く用言
（動詞や形容詞）とくっ付けて発音することが多いです。韓国語でも、強調して話す場
合以外は、修飾語は後に続くことばと繋げて発音することが多いです。

　　　또 만나요.　　　[ット マンナヨ] → [ット⌒マンナヨ]
　　　어서 오세요.　　[オソ オセヨ]　→ [オソ⌒オセヨ]

文法

のどの音の子音字

　日本語のア行・ヤ行やワ行・ハ行に当たる音です。丸い「のど」の形をかたどって「○」の字が作られました。

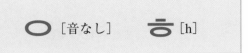

　声を出さずに[ア]と[ハ]を発音すると、表面的には何の変化もないことがわかります。しかし、ティッシュペーパーを口の前にして発音すると、[ハ]の方は激しく揺れることがわかります。ハングルではそれらの音を同系の音とみなし、同じ文字を共有するように作られています。

　相違点は[ハ]の方が息がたくさん加えられる点です。ハングルでは「息」を画数を加えるという方法で文字として表現しています。

1.『ㅇ』[音なし]

母音字を書くときに最初に添える子音字で、音価のない子音字です。

ㅇ [音なし] ＋ ㅜ [u] → 우 [u]

ㅇ [音なし] ＋ ㅗ [o] → 오 [o]

例 우유 [uju]【牛乳】 오이 [oi] きゅうり

2.『ㅎ』[h]

日本語のハ行とほぼ同じ音で、息の音です。

ㅎ [h] ＋ ㅜ [u] → 후 [hu]

ㅎ [h] ＋ ㅚ [we] → 회 [hwe]

例 오후 [ohu]【午後】 회화 [hwehwa]【会話】

知っ得ポイント

◆ ㅎの書き方

字体によって異なりますが、短い棒が長い棒と重ならないように注意しましょう。右側のように書いたほうが分かりやすいです。

練習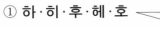

13

1. 次の母音を発音してみましょう。

　　① 아・이・우・에・오

　　② 야・유・요

2. 次の母音を発音してみましょう。

　　① 하・히・후・헤・호 ◀━━ 日本語のハ行の書き方です。

　　② 햐・휴・효

　　③ 호・허・후・흐

3. 次の母音をのどの形と息に注意して発音してみましょう。

　　① 아・하

　　② 에・헤

　　③ 와・화

4. 次の単語を読んでみましょう。

　　① 이유　【理由】

　　② 여유　【余裕】

5. 次の単語を読んでみましょう。

① 이후 【以後】

② 이하 【以下】

③ 야후　Yahoo（ヤフー）

6. 読みながら書いてみましょう。

아	이	우	에	오	야	유	요	와

하	히	후	헤	호	햐	휴	효	화

 쉼터

「会う」とは「見る」こと

　この課で勉強した만나요は会話では봐요[ポァ／パヨ]という言葉にも置き換えることができます。この봐요を直訳すると「見ましょう」となりますが、韓国語では「見る」も「会う」という意味で使われます。色々な言い方で友達にあいさつをしてみましょう。

감사합니다(감사해요).

아닙니다(아니에요).

감사합니다 / 감사해요	［カmサハmニダ / カmサヘヨ］
아닙니다 / 아니에요	［アニmニダ / アニエヨ］

감사	【感謝】
합니다 / 해요	します
감사합니다 / 감사해요	感謝します・ありがとうございます
아닙니다 / 아니에요	いいえ (どういたしまして)

知っ得ポイント

◆「ありがとうございます」の文末を上げて発音する?

　[カmサハmニダ]をかしこまった場面の会話では文末を上げずに発音しますが、打ち解けた場面では、疑問文ではないのに少し上がったように聞こえる場合があります。日本語で「ありがとうね」と話すときの「ね」を若干上げて発音することやお店などで「いらっしゃいませ」の最後を上げ気味で発音することとよく似ていますが、親近感を表しながら親切に話す場合に用いることが多いです。反対に、最後に「?」が付いて疑問文の形になっている[アンニョンハセヨ?]の場合は、質問ではなくあいさつの決まり文句として使う場合には、最後を上げずに発音することが多いです。

　　　　감사합니다 →　[カmサハmニダ] ＼ /　＿ノ

文法

16

舌の奥の音の子音字

舌の奥を上あごに着けて発音するグループで、舌の奥の形が文字の形になりました。

○ [ŋ]　　ㄱ [k/g]　　ㅋ [kʰ]　　ㄲ [kˀ]

1.『○』[ŋ]（鼻音）

この子音字は音のない○と同じ形ですが、パッチㇺに用いられると[ŋ]と発音します。息が鼻に抜ける鼻音で、日本語のアンコ[aŋko]やギンコウ（銀行）[giŋko]の「ン」と同じ発音です。

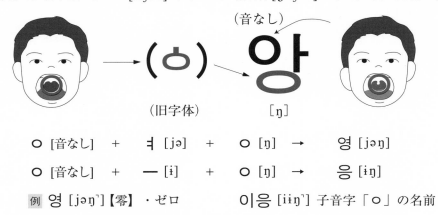

○ [音なし] ＋ ㅕ [jə] ＋ ○ [ŋ] → 영 [jəŋ]

○ [音なし] ＋ ㅡ [i] ＋ ○ [ŋ] → 응 [iŋ]

例 영 [jəŋ˺]【零】・ゼロ　　이응 [iiŋ˺] 子音字「○」の名前

★「˺」は [グ] のように、音節の最後を破裂させないことを表す音声記号

2.『ㄱ』[k/g]（平音）

日本語のカ行やガ行に当たる音です。発音の際に弱い息を伴う音で、このような子音を一般に平音と呼んでいます。

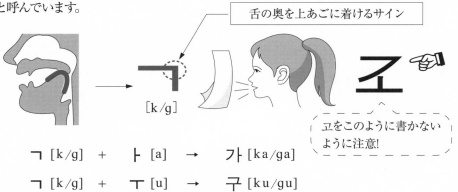

舌の奥を上あごに着けるサイン

고をこのように書かないように注意!

ㄱ [k/g] ＋ ㅏ [a] → 가 [ka/ga]

ㄱ [k/g] ＋ ㅜ [u] → 구 [ku/gu]

例 가구 [kagu]【家具】　고기 [kogi] 肉 （[k/g]の発音の変化については ☞ p.58)

28

3.『ヲ』[kʰ]（激音）

日本語のカ行より息を激しく吐きながら発音する音です。激しい息を伴う音を一般に激音と呼んでいます。ㄱから増えた画は息のサインです。

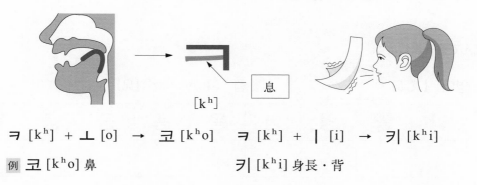

ヲ [kʰ] + ㅗ [o] → 코 [kʰo]   ヲ [kʰ] + ㅣ [i] → 키 [kʰi]

例 코 [kʰo] 鼻   키 [kʰi] 身長・背

4.『ㄲ』[kˀ]（濃音）

日本語のカ行の前に促音の「ッ」が付いたように発音する音です。（舌の奥で）息の流れを止め、のどを緊張させて発音する濃音です。

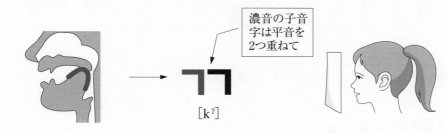

ㄲ [kˀ] + ㅏ [a] → 까 [kˀa]   ㄲ [kˀ] + ㅓ [ə] → 꺼 [kˀə]

例 아까 [akˀa] さっき   꺼요 [kˀəjo] 消します

知っ得ポイント

◆ ㄱ、ㅋ、ㄲの終声は?

初声	ㄱ [kˀg]、ㅋ [kʰ]、ㄲ [kˀ]
終声	ㄱ [kˀ]

기역[kijək˭] 子音字「ㄱ」の名前   키윽[kʰiik˭] 子音字「ㅋ」の名前
쌍（双）기역[sˀaŋgijək˭] 子音字「ㄲ」の名前

練習

1. 次の母音を発音してみましょう。

① 아-앙　　어-엉　　이-잉

② 야-양　　요-용　　유-융

2. 読んで書きましょう。

① 영어 【英語】 　　② 형 （弟からみた）【兄】

앙	양	엉	영	옹	용	웅	응	왕

3. 読んで書きましょう。

① 가게 店 　　② 개 犬

가	기	구	게	고	교	과	괘	귀

★日本語のガ行をハングルでは가 기 구 게 고と書きます。

4. 読んで書きましょう。

① 켜요 点けます 　　② 케이크 ケーキ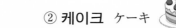

카	키	쿠	케	코	캬	큐	쿄	콰

★日本語のカ行は카 키 쿠 케 코と書きます。ただし、語頭では가 기 구 게 고と書きます。

5. 読んで書きましょう。

① 어깨　肩 　　② 까요　（野菜・果物など）むきます

까	끼	꾸	께	꼬	깨	꺼	끄	꾀

6. 読んで書きましょう。

① 공항　【空港】 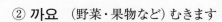　　② 외국　【外国】

강	각	공	곡	콩	콕	콩	꼭	깎

쉼터

「ありがとう」の言い方

　韓国語の感謝の言葉には감사합니다と고맙습니다 ［コマpッスmニダ］ の二種類の言い方があります。どちらも「ありがとうございます」という意味ですが、감사합니다は直訳すると「感謝します」となりややかしこまった雰囲気があり、고맙습니다は감사합니다より柔らかな雰囲気を持っています。親しい関係の場合は「ありがとうね」という意味で고마워요を用い、友達同士では「ありがとう」の意味で고마워を使います。

子音を学ぼう（唇の音）

スキット

미안합니다(미안해요).

괜찮습니다(괜찮아요).

 発音

미안합니다 / 미안해요	［ミアナmニダ / ミアネヨ］
괜찮습니다 / 괜찮아요	［クェンチャンッスmニダ / クェンチャナヨ］

미안	【未安】ごめん・すまない
미안합니다 / 미안해요	ごめんなさい・すみません
괜찮습니다 / 괜찮아요	大丈夫です・かまいません

19

知っ得ポイント

◆「大丈夫です」の괜[クェン]の発音は?

　괜찮습니다 / 괜찮아요[クェンチャンッスmニダ / クェンチャナヨ]の괜[クェン]は1拍で発音しましょう。速く話す会話では[ケン]と発音する韓国人もいるので、「ケンチャナヨ」と言うほうが伝わりやすい場合もあります。

文法

■ 唇の音の子音字

両唇をくっ付けて発音するグループで、閉じた唇の形をかたどって文字が作られました。

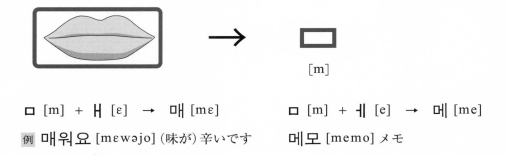

1.『ㅁ』[m]（鼻音）

日本語のマ行やサンマ [samma]・オンブ [ombu] の「ン」と同じ発音で、息が鼻に抜ける鼻音です。

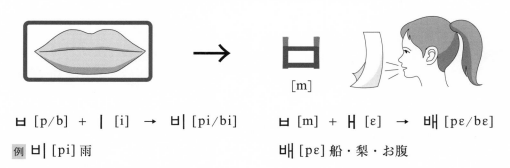

ㅁ [m] + ㅐ [ɛ] → 매 [mɛ]   ㅁ [m] + ㅔ [e] → 메 [me]

例 매워요 [mɛwəjo]（味が）辛いです   메모 [memo] メモ

2.『ㅂ』[p / b]（平音）

日本語のパ行やバ行に当たる音です。弱い息を伴って発音する平音です。

ㅂ [p/b] + ㅣ [i] → 비 [pi/bi]   ㅂ [m] + ㅐ [ɛ] → 배 [pɛ/bɛ]

例 비 [pi] 雨   배 [pɛ] 船・梨・お腹

3.『ㅍ』[pʰ]（激音）

　日本語のパ行より激しく息を吐きながら発音する音です。激しい息を伴う激音です。増えた画^{かく}は息のサインです。

ㅍ [pʰ] ＋ ㅣ [i] → 피 [pʰi]　　　　ㅍ [pʰ] ＋ ㅏ [a] → 파 [pʰa]

例 피 [pʰi] 血　　　　　　　　　　아파요 [apʰajo] 痛いです

4.『ㅃ』[pˀ]（濃音）

　パ行の前に促音の「ッ」が付いたように発音する音です。（唇で）息の流れを止め、のどを緊張させて発音する濃音です。

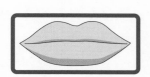

ㅃ [pˀ] ＋ ㅏ [a] → 빠 [pˀa]　　　　ㅃ [pˀ] ＋ ㅓ [ə] → 뻐 [pˀə]

例 오빠 [opˀa]（妹からみた）兄　　　예뻐요 [jepˀəjo] きれいです

知っ得ポイント

◆ ㅁ、ㅂ、ㅍ、ㅃの終声は？

初声	ㅁ [m]	ㅂ [p/b]、ㅍ [pʰ]	ㅃ [pˀ]
終声	ㅁ [mˀ]	ㅂ [pˀ]	

★ ㅃはパッチmには用いません

미음[miimˀ] 子音字「ㅁ」の名前　　비읍[piipˀ] 子音字「ㅂ」の名前

피읖[pʰiipˀ] 子音字「ㅍ」の名前　　쌍비읍[sˀaŋbiipˀ] 子音字「ㅃ」の名前

1. 読んで書きましょう。

① 의미 【意味】　　　② 매우　とても

마	미	무	메	모	먀	뮤	묘	뭐

★日本語のマ行は 마 미 무 메 모と書きます。

2. 読んで書きましょう。

① 배우 【俳優】 　　　② 부부 【夫婦】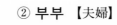

바	비	부	베	보	뱌	뷰	뵤	뵈

★日本語のバ行は 바 비 부 베 보と書きます。

3. 読んで書きましょう。

① 파　ねぎ 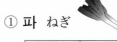　　　② 커피　コーヒー

파	피	푸	페	포	퍄	퓨	표	패

★日本語のパ行は 파 피 푸 페 포と書きます。

4. 読んで書きましょう。

① 뼈 骨 　　② 아빠 パパ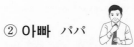

빠	삐	뿌	뻬	뽀	빼	뻐	뼈	쁘

5. 読んで書きましょう。

① 봄 春 　　② 옆 横

맘	몹	밤	법	폼	팝	팸	뽑	뿜

쉼터

いろいろな「すみません」

　「すみません」をすべて미안해요に置き換えることはできませんので注意しましょう。日本語の「すみません」にはいろいろな意味がありますが、韓国語の場合、相手に詫びるとき以外は미안해요が使えません。人を呼ぶときの「すみません」は、저기요[チョギヨ]となり、感謝の表現として用いられる場合は、감사합니다となります。また、友達に対しては요を取って미안해を使います。軽く謝る場合は미안だけでも良いでしょう。

제 **7** 과　子音を学ぼう（舌の先の音）

스키트

맛있게 드십시오(맛있게 드세요).

잘 먹겠습니다(잘 먹겠어요).

맛있게 드십시오 / 맛있게 드세요	［マシッケドゥシ pッシオ / マシッケドゥセヨ］
잘 먹겠습니다 / 잘 먹겠어요	［チャ l モッケッス m ニダ / チャ l モッケッソヨ］

맛있게	美味しく
드십시오 / 드세요	召し上がってください
잘	よく・上手に
먹겠습니다 / 먹겠어요	食べます
잘 먹겠습니다 / 잘 먹겠어요	いただきます・ごちそうになります

知っ得ポイント

23

◆ 드세요「召し上がってください」の드の発音に注意

　드세요[トゥセヨ / ドゥセヨ]の「トゥ / ドゥ」の部分の発音に気をつけましょう。うっかりカタ
カナ読みにしてしまうと、韓国の人の耳には「〜ください」という意味の주세요[チュセヨ / ジュセ
ヨ]に聞こえてしまいます。

　드の発音は[チュ / ジュ]ではなく[トゥ / ドゥ]で、唇も平らにした状態で発音する音であるこ
とを確認しておきましょう。

♪ 24

文法

舌の先の音の子音字

舌の先を上の歯茎にくっ付けて発音するグループで、発音時の舌先の形をかたどってㄴという字が作られました。

ㄴ [n]　ㄷ [t/d]　ㅌ [tʰ]　ㄸ [tˀ]　ㄹ [r/ℓ]

1. 『ㄴ』[n]（鼻音）

日本語のナ行やアンナイ [annai]・バンザイ [banzai] の「ン」と同じ発音で、息が鼻に抜ける鼻音です。

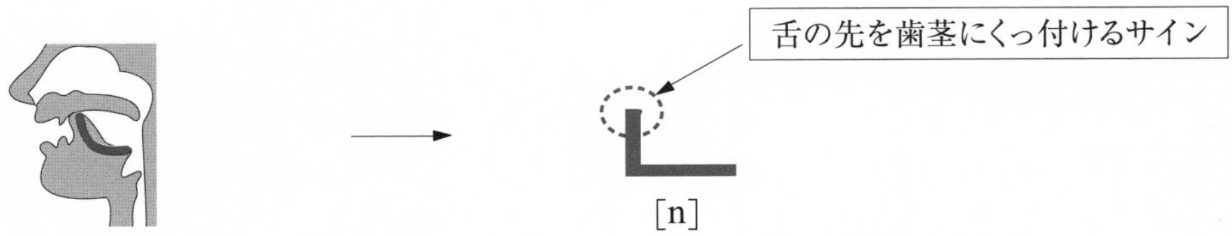

ㄴ [n] ＋ ㅜ [u] → 누 [nu]　　ㄴ [n] ＋ ㅔ [e] → 네 [ne]

例 누나 [nuna]（弟からみた）姉　　네 [ne] はい・君の

2. 『ㄷ』[t/d]（平音）

日本語のチやツを除いたタ行やダ行に当たる音です。弱い息を伴って発音する平音です。

ㄷ [t/d] ＋ ㅓ [e] → 더 [tə/də]　　ㄷ [t/d] ＋ ㅏ [a] → 다 [ta/da]

例 더 [tə/də] もっと　　다 [ta/da] すべて・全部

3. 『ㅌ』[tʰ]（激音）

平音のㄷより激しい息を伴う激音です。増えた画は息のサインです。

ㅌ [tʰ] ＋ ㅏ [a] → 타 [tʰa]　　ㅌ [tʰ] ＋ ㅗ [o] → 토 [tʰo]

例 타다 [tʰada] 乗る　　토마토 [tʰomatʰo] トマト

4. 『ㄸ』[tʔ]（濃音）

（舌の先で）息の流れを止め、のどを緊張させて発音する濃音です。

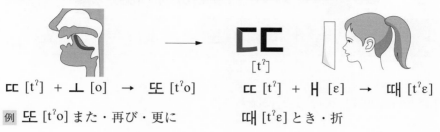

ㄸ [tʔ] + ㅗ [o] → 또 [tʔo]　　　ㄸ [tʔ] + ㅐ [ɛ] → 때 [tʔɛ]

例 또 [tʔo] また・再び・更に　　　때 [tʔɛ] とき・折

5. 『ㄹ』[r/ℓ]（流音）

初声では日本語のラ行とほぼ同じ音ですが、終声では英語の [ℓ] のような発音ですので、舌の先を歯茎から外さないように注意しましょう。一般に流音と呼んでいます。

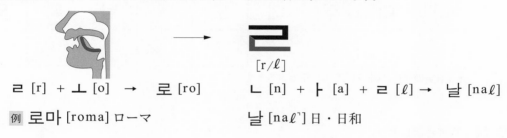

ㄹ [r] + ㅗ [o] → 로 [ro]　　　ㄴ [n] + ㅏ [a] + ㄹ [ℓ] → 날 [naℓ]

例 로마 [roma] ローマ　　　날 [naℓ˺] 日・日和

知っ得ポイント

◆ ㄴ、ㄷ、ㅌ、ㄸ、ㄹの終声は？

初声	ㄴ [n]	ㄷ [t/d]、ㅌ [tʰ]	ㄸ [tʔ]	ㄹ [r]
終声	ㄴ [n˺]	ㄷ [t˺]		ㄹ [ℓ˺]

★ ㄸはパッチ㎜には用いません。

니은[niin˺] 子音字「ㄴ」の名前　　디귿[tigit˺] 子音字「ㄷ」の名前

티읕[tʰiit˺] 子音字「ㅌ」の名前　　리을[riiℓ˺] 子音字「ㄹ」の名前

쌍디귿[sʔaŋdigit˺] 子音字「ㄸ」の名前

♪ **練習**

25

1. 読んで書きましょう。

① 누구　誰 　　　　② 나이　年・年齢

나	니	누	네	노	냐	뉴	뇨	놔

★日本語のナ行は나 니 누 네 노と書きます。

2. 読んで書きましょう。

① 두부　【豆腐】 　　　　② 바다　海

다	디	두	데	도	대	뒤	되	돼

★日本語のダ行は다 지 즈 데 도と書きます。

3. 読んで書きましょう。

① 아파트　アパート 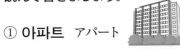　　　　② 어때요?　どうですか?

타	티	투	테	토	따	뛰	또	때

★日本語のタ行は타 치 쓰 테 토と書きます。ただし、語頭では다 지 쓰 데 도と書きます。
「ツ」はつねに쓰となります。

4. 読んで書きましょう。

① 우리　私たち 　　　② 나라　国

라	리	루	레	로	려	레	료	래

★日本語のラ行は라 리 루 레 로と書きます。

5. 読んで書きましょう。

① 눈　目・雪 　　　② 겨울　冬

는	낱	닫	돈	달	탈	딸	를	론

 쉼터

食事が運ばれてくる時に

　レストランで食事が運ばれてくる時「お待たせしました」という言葉は、時間の正確さを重んじる日本らしい表現だと思いますが、韓国ではあまり使われません。代わりに 맛있게 드세요「おいしく召し上がってください」という表現を使います。

　この言葉は、店員が客に対して言うだけでなく、食事を御馳走する人や自分の料理を振る舞うときにも使います。また、一緒に食事をしなくても、食事に行く人に対して使うこともあります。

　おいしく食べてほしいという思いやりのある一言ですね。

더 드십시오(더 드세요).

잘 먹었습니다(잘 먹었어요).

더 드십시오 / 더 드세요	［トドゥシpッシオ / トドゥセヨ］
잘 먹었습니다 / 잘 먹었어요	［チャ l モゴッスmニダ / チャ l モゴッソヨ］

더	もっと
먹었습니다 / 먹었어요	食べました
잘 먹었습니다 / 잘 먹었어요	ごちそうさまでした・ごちそうになりました

知っ得ポイント

27

◆ フレーズのはじめは低くスタート!

　ソウルのことば(標準語)では、フレーズの最初の音節は低くスタートし、2番目の音節が高くなる傾向が強いです。ただし、息をたくさん含める激音・ㅎ・ㅅと息をまったく含めない濃音は高くスタートします。また、特に強調することばの場合は、高くゆっくり発音します。

普通の会話の場合	強調する場合
더 드세요	더 드세요
[トドゥセヨ]	[トトゥセヨ]
低	高

文法

28

前歯の音の子音字

まず上下の歯を近づけて、更に舌が接近して発音するグループで、前歯の形をかたどって人が作られました。このグループは2種類の子音字が作られているのが特徴です。

人 [s/ʃ] 从 [sˀ/ʃˀ]	天 [tʃ/dʒ] 夫 [tʃʰ] 짜 [tʃˀ]

1. 『人』 [s/ʃ] (平音)

日本語のサ行とほぼ同じ音です。鼻音ではなく平音ですので覚えておきましょう。

 → 人 [s/ʃ]

人 [s] + ㅓ [ə] → 서 [sə]

例 서울 [sᵊuℓ˺] ソウル

人 [ʃ] + ㅣ [i] → 시 [ʃi]

시간 [ʃigan˺] 【時間】

2. 『从』 [sˀ/ʃˀ] (濃音)

日本語のサ行の前に促音の「ッ」を付けたような音です。まったく息を含まない濃音です。

 → 人人 [sˀ/ʃˀ]

从 [sˀ/ʃˀ] + ㅓ [ə] → 써 [sˀə]

例 써요 [sˀejo] 書きます・使います

从 [sˀ/ʃˀ] + ㅏ [a] → 싸 [sˀa]

싸요 [sˀajo] 安いです

3. 『ㅈ』 [tʃ/dʒ] (平音)

日本語のザ行やチャ・ジャ行に近い音で、若干口の奥の位置で舌の背が当たる平音です。

 → ㅈ [tʃ/dʒ]

ㅈ [tʃ/dʒ] + ㅓ [ə] → 저 [tʃə]

例 저 [tʃə] わたくし

ㅈ [tʃ/dʒ] + ㅔ [e] → 제 [tʃe]

제 [tʃe] わたくしの

4.『ㅊ』[tʃ^h]（激音）

日本語のツ・チより激しく息を吐きながら発音する激音です。

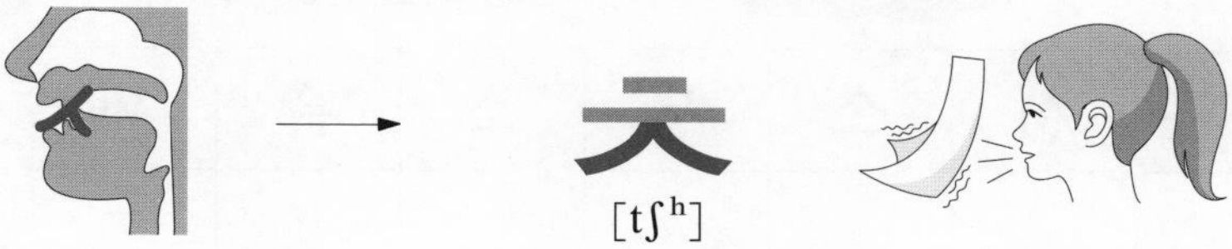

ㅊ [tʃ^h] ＋ ㅣ [i] → 치 [tʃ^{h}i]　　ㅊ [tʃ^h] ＋ ㅓ [ə] → 처 [tʃ^{h}ə]

例 치마 [tʃ^{h}ima] スカート　　처음 [tʃ^{h}əɨm˺] 初めて

5.『ㅉ』[tʃ^ʔ]（濃音）

日本語のツ・チの前に促音の「ッ」をつけたような濃音です。

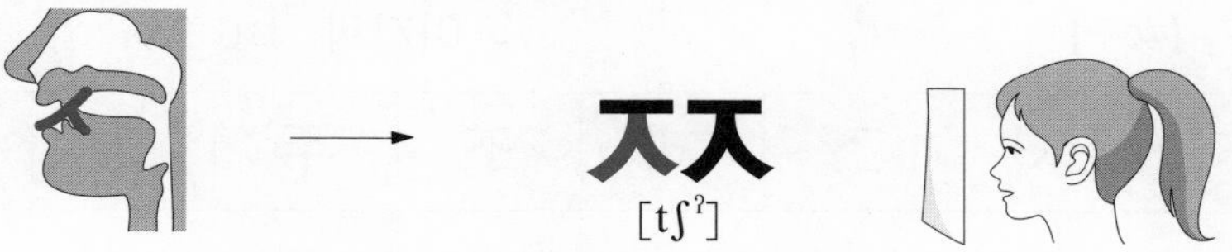

ㅉ [tʃ^ʔ] ＋ ㅏ [a] → 짜 [tʃ^{ʔ}a]　　ㅉ [tʃ^ʔ] ＋ ㅐ [ɛ] → 째 [tʃ^{ʔ}ɛ]

例 짜요[tʃ^{ʔ}ajo] 塩っぱいです　　세 번째[sebəntʃ^{ʔ}ɛ] 3番目

知っ得ポイント

◆ ㅅ、ㅆ、ㅈ、ㅊ、ㅉの終声は?

初声	ㅅ [s/ʃ]、ㅆ [s^ʔ/ʃ^ʔ]、ㅈ [tʃ/dʒ]、ㅊ [tʃ^h]	ㅉ [tʃ^ʔ]
終声	ㄷ [t˺]	

★ ㅉはパッチmには用いません。

시옷[siot˺] 子音字「ㅅ」の名前　　쌍시옷[s^{ʔ}aŋsiot˺] 子音字「ㅆ」の名前

지읒[tʃiit˺] 子音字「ㅈ」の名前　　치읓[tʃ^{h}iit˺] 子音字「ㅊ」の名前

쌍지읒[s^{ʔ}aŋdʒiit˺] 子音字「ㅉ」の名前

練習

1. 読んで書きましょう。

① 슈퍼　スーパー 　　　② 싸요　安いです

사	시	스	세	소	슈	싸	씨	쓰

★日本語のサ行は 사 시 스 세 소 と書きます。스は母音に注意。

2. 読んで書きましょう。

① 여자　【女子】 　　　② 아저씨　おじさん

자	지	즈	제	조	주	재	죠	줘

★日本語のザ行は 자 지 즈 제 조 と書きます。즈は母音に注意。ジャ行は 자 주 조 と書きます。

3. 読んで書きましょう。

① 차　【車・茶】 　　　② 찌개　チゲ・鍋物

차	추	초	체	치	최	짜	찌	째

★日本語のチャ行は 차 추 초 と書きます。語頭では 자 주 조 と書きます。

4. 読んで書きましょう。

① 셋 三つ 　　　　② 꽃 花

셋	샀	썼	씻	젓	졌	첫	찾	짰

5. よく使う外来語です。読んでみましょう。

① **스포츠**　スポーツ

② **주스**　ジュース

③ **샤워**　シャワー

④ **인터넷**　インターネット

 쉼터

「食事しましたか?」はあいさつ!

　韓国といえば食文化といえるほど、韓国人は食へのこだわりを強く持っています。それは韓国人同士の挨拶にもよく表れていますよ。

　例えば、日本語の挨拶は「お早うございます・今日は・今晩は」のように時間や天気がベースとなっています。韓国語の場合、すでに学んだ안녕하세요?は一日中使える挨拶ですが、親しい間柄においては밥 먹었어요?[パm モゴッソヨ]（食事しましたか?）をよく使います。食を大切にし、相手を思いやる韓国人の心が込められていることがわかります。

復習1

　次は会話でよく使われる使用頻度の高いことばです。丸暗記しておくと役に立ちますので、書きながら覚えておきましょう。

그래요?	주세요	뭐예요?	어디예요?	왜요?
そうですか?	ください	何ですか?	どこですか?	なぜですか?・どうしてですか?
어려워요	가까워요	고마워요	바빠요	뜨거워요
難しいです	近いです	ありがとうございます	忙しいです	熱いです

これらを覚えておけば
必ず役に立つよ！

가벼워요	추워요	무거워요	비싸요	도와주세요
軽いです	寒いです	重いです	(値段が) 高いです	手伝ってください
아니요	더워요	배고파요	매워요	저기요！
いいえ	暑いです	お腹が空きました	(味が) 辛いです	あのですね・すみません

第9課　子音の分類とパッチm(終声)

子音の分類

今まで学んだ子音は発音器官による分類でしたが、ここでは息の出方による分類を学びます。

息の出方による分類

1. **鼻音**（息が鼻に抜ける音）: ㅇ , ㄴ , ㅁ

2. **平音**（発音の際に弱い息を伴う音）: ㄱ , ㄷ , ㅂ , ㅅ , ㅈ

3. **激音**（発音の際に激しい息を伴う音、ㅅの激音はなし）: ㅋ , ㅌ , ㅍ , ㅊ

4. **濃音**（発音の際に息を伴わず、のどを緊張させる音）: ㄲ , ㄸ , ㅃ , ㅆ , ㅉ

平音	激音（平音+ㅎ[h]）	濃音
ㄱ , ㄷ , ㅂ , ㅅ , ㅈ	ㅋ , ㅌ , ㅍ , ㅊ	ㄲ , ㄸ , ㅃ , ㅆ , ㅉ

発音器官と息の出方による分類

		発音器官による分類				
		舌の奥の音	舌の先の音	唇の音	前歯の音	喉の音
息の出方による分類	鼻音	終声のㅇ [ŋ]	ㄴ	ㅁ		初声のㅇ [音なし]
	平音	ㄱ	ㄷ	ㅂ	ㅅ　ㅈ	
	激音	ㅋ	ㅌ	ㅍ	ㅊ	ㅎ
	濃音	ㄲ	ㄸ	ㅃ	ㅆ　ㅉ	
	流音		ㄹ			

받침パッチ**m** （終声）

まず、今まで学んだ子音が1つのパッチmを整理しましょう。

子音1つのパッチmの発音

	鼻音	平音・激音・濃音	流音
舌の奥の音 舌の奥を上あごに着けたままで発音を終えること	 ㅇ → [ㅇ ŋ˺]	ㄱ・ㅋ・ㄲ → [ㄱ k˺]	
唇の音 唇を閉じたままで発音を終えること	ㅁ → [ㅁ m˺]	ㅂ・ㅍ → [ㅂ p˺]	
舌の先の音 舌の先を歯茎に着けたまま発音を終えること	ㄴ → [ㄴ n˺]	ㄷ・ㅌ → [ㄷ t˺]	ㄹ → [ㄹ ℓ˺]
前歯の音 舌の先を歯茎に着けたまま発音を終えること		ㅅ・ㅆ・ㅈ・ㅊ → [ㄷ t˺]	
のどの音 舌の先を歯茎に着けたまま発音を終えること		★ㅎ → [ㄷ t˺]	

★ ㅃ・ㄸ・ㅉ はパッチmには用いません。

★子音字ㅎの名前は히읗 [읃] です。

1. 「ン」に当たる [ㅇ]、[ㄴ]、[ㅁ] パッチ m の発音の違い

31

[ㅇ] [ŋˀ]	丸いのど(ㅇ)をイメージ しながら口を開けて発音。		방 [paŋˀ]【房】部屋 상 [saŋˀ]【賞】	日本語の[パンコ]や [サンガツ]の[ン]の音。
[ㄴ] [nˀ]	舌の先の形をイメージ しながら口を開けて発音。		반 [panˀ]【半】 산 [sanˀ]【山】	日本語の[バンザイ]や [ザンダカ]の[ン]の音。
[ㅁ] [mˀ]	唇をイメージしながら 口を閉じて発音。		밤 [pamˀ] 晩、夜 삼 [samˀ]【三】	日本語の[ハンブン]や [サンマ]の[ン]の音。

2. 「ッ」に当たる [ㄱ]、[ㄷ]、[ㅂ] パッチ m の発音の違い

[ㄱ] [kˀ]	舌の奥でのどを塞いで 息を遮断する。		박 [pakˀ]【朴】パク 밖 [pakˀ] 外	日本語の[ビックリ]や [ソックリ]の[ッ]の音。
[ㄷ] [tˀ]	舌の先を歯茎に付けて 息を遮断する。		밭 [patˀ] 畑 곧 [kotˀ] すぐに	日本語の[バッタリ]や [コッテリ]の[ッ]の音。
[ㅂ] [pˀ]	口を閉じて息を遮断する。		밥 [papˀ] 飯・ごはん 앞 [apˀ]【前】	日本語の[ハッパ]や [アップ]の[ッ]の音。

子音2つのパッチㇺの発音

　ここでは、子音２つのパッチ m が用いられた文字を単独で読むときの発音を学びます。
子音２つのパッチ m の後の初声にさらに子音が続く場合は、発音の変化が起きるので、そ
れについては後の課で学習します。(☞ p.61)

1. 2つのパッチㇺの中に[ㄷ/t]と発音する子音を含む場合は、[ㄷ/t]が脱落します。

> ㄳ [ㄱ(ㄷ)]、ㅄ [ㅂ(ㄷ)]
>
> ㄵ [ㄴ(ㄷ)]、ㄶ [ㄴ(ㄷ)]、ㄽ [ㄹ(ㄷ)]、ㄾ [ㄹ(ㄷ)]、ㅀ [ㄹ(ㄷ)]

例　몫[모ㄱ(ㄷ)→목]　　　값[가ㅂ(ㄷ)→갑]

　　앉[아ㄴ(ㄷ)→안]　　　않[아ㄴ(ㄷ)→안]

　　곬[고ㄹ(ㄷ)→골]　　　핥[후ㄹ(ㄷ)→훌]　　　옳[오ㄹ(ㄷ)→올]

2. 2つのパッチㇺの中に[ㄷ/t]と発音する子音を含まない場合は、[ㄹ/ℓ]が脱落します。

> ㄺ [(ㄹ)ㄱ]、ㄻ [(ㄹ)ㅁ]、ㄿ [(ㄹ)ㅂ]

例　닭[닥(ㄹ)ㄱ→닥]　　　삶[사(ㄹ)ㅁ→삼]　　　읊[으(ㄹ)ㅂ→읍]

3. パッチㇺ ㄼ は単語ごとに発音が異なるので、注意が必要です。

> ㄼ [ㄹ/ㅂ]

例　밟[바(ㄹ)ㅂ→밥]다

　　넓[너(ㄹ)ㅂ→넙]적하다　　　넓[너(ㄹ)ㅂ→넙]둥글다

　　넓[너ㄹ(ㅂ)→널]다　　　여덟[더ㄹ(ㅂ)→덜]

> ### ★ 2つのパッチㇺの読み方のコツ
>
> 　1．[ㄷ/t]と発音するパッチㇺがある場合は、[ㄷ/t]が脱落。
> 　2．[ㄷ/t]と発音するパッチㇺがない場合は、[ㄹ/ℓ]が脱落。
> 　3．ㄼパッチㇺは要注意。

練習

1. 息の出方に注意して読んでみましょう。

① 앙 – 가 – 카 – 까

② 나 – 다 – 타 – 따

③ 마 – 바 – 파 – 빠

④ 사 – 싸

⑤ 자 – 차 – 짜

2. 次のうち当てはまるものを選びましょう。

① 鼻音　(1) ㄱ　　(2) ㄴ　　(3) ㅂ

② 激音　(1) ㄸ　　(2) ㅇ　　(3) ㅊ

③ 平音　(1) ㅅ　　(2) ㅉ　　(3) ㅁ

3. 正確に発音してみましょう。

① 사다 買う – 싸다 安い

② 자다 寝る – 차다 冷たい – 짜다 塩っぱい

③ 말 ことば – 발 足 – 팔 腕

4. 終声に注意して読んでみましょう。

① 강 川 – 간【間】 – 감 柿

② 상【賞】 – 산【山】 – 삼【三】

③ 장【張】枚 – 잔 杯 – 잠 眠り

5. 終声に注意して読んでみましょう。

① 속 内　　－ 솥 釜　　　－ 십【十】
② 곡【曲】　－ 곧 すぐに　　－ 곱 倍
③ 박【朴】　－ 밭 畑　　　　－ 밥 飯・ごはん

6. 終声に注意して読んでみましょう。

① 빗 – 빚 – 빛
② 잇 – 있 – 잊
③ 낟 – 낱 – 낫 – 낮 – 낯 – 낳

7. 次の質問に答えましょう。

① 唇を閉じたまま発音を終えないのはどれですか?
　　(1) 사람 人　　　　(2) 입 口　　　　　　(3) 시장【市場】
② 舌の先を歯茎に着けたまま発音を終えないのはどれですか?
　　(1) 년【年】　　　(2) 끝 終わり　　　　(3) 그림 絵
③ 舌の奥を上あごに着けたまま発音を終えないのはどれですか?
　　(1) 돈 お金　　　(2) 우체국【郵遞局】郵便局　　(3) 빵 パン

8. パッチmに注意して読んでみましょう。

① 값 値段
② 닭 にわとり
③ 여덟 八つ

제 *10* 과　発音の変化

　韓国語は文字と発音が異なる場合があります。入門段階で知っておきたい出現頻度の高い発音の変化を学習しましょう。

33

♪　有声音化

　傘 [kasa] が雨傘 [amagasa] に、棚 [tana] が本棚 [hondana] になるのとよく似た発音の変化で、ㄱ [k→g]、ㄷ [t→d]、ㅂ [p→b]、ㅈ [tʃ→dʒ] となります。声帯の揺れを伴わない無声音([k],[t],[p],[tʃ]) が、(終声の) ㄴ , ㅁ , ㅇ , ㄹ , 母音の間で、声帯の揺れを伴う有声音 ([g],[d],[b],[dʒ]) になる変化です。

　例　가게[kake] → [kage] (母音「ㅏ」と母音「ㅔ」の間) 店

　　　한글[hankɨl] → [hangɨl] (「ㄴ」と母音「ㅡ」の間) ハングル

　秋葉原 [akihabara] が [aki(h)abara] になるのと似た現象もあります。
ㅎが有声音化すると、息が弱まり、ㅇ [音なし] のようになります (☞ p.22)。普通のスピードで発音するときに起きるもので、ゆっくり発音するときには起きません。

　例　여행[jəhɛŋ] → [여앵] [j(h)ɛŋ] (母音「ㅕ」と母音「ㅐ」の間)【旅行】

連音化(リエゾン)

　Thank youが[サンキュー]に、Clean upが[クリナップ]になるのとよく似た発音の変化です。パッチㅁ (終声、子音) の後の初声に母音 (ㅇ[音なし]) が続くと、パッチㅁの子音と母音が繋がってしまいます (終声の初声化)。

　例　일본어 [일보너]【日本語】

2つのパッチmの後に母音が続くと、左側のパッチmは終声として発音され、右側のパッチmは次の初声として発音されます。

例　앉으세요 [안즈세요] 座ってください

　ㅎパッチmの後に母音（ㅇ[音なし]）が続くときやパッチmのㄴ、ㄹ、ㅁ、ㅇの後の初声にㅎが続くときも終声の初声化が起こります。これは、ㅎの息が弱まり、（音なしの）ㅇのようになるためです。

例　좋아요 [조하요→조아요] いいです

　　은행 [은앵 →으냉]【銀行】　　　많이 [만히 →만이 →마니] たくさん

激音化

　息の音のㅎが平音のㄱ,ㄷ,ㅂ,ㅈの前後にあると、平音に激しく息が加えられるため [ㅋ, ㅌ, ㅍ, ㅊ] になります。平音が激音に変化するので激音化といいます（★ㅎの後にㅅが続く場合には激音化は起きず、濃音化が起きます。☞ p.61）。

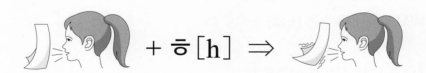

例　축하 [추카]【祝賀】・祝い　　　입학 [이팍]【入学】

鼻音化

鼻音でない終声が鼻音に変化する発音現象です。

[ㄱ]、[ㄷ]、[ㅂ] と発音する終声の後に鼻音のㄴとㅁ（ㅇ [ŋ] は初声には用いない）が続くと、それぞれの発音器官の鼻音に変化します。簡単に分かるコツは隠れ文字を探すことです。

1. 終声の[ㄱ] ⇒ [ㅇ]（舌の奥の音の鼻音化）

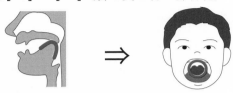

例　한국말 [한궁말] 韓国のことば

　　부엌문 [부억문→부엉문] 台所のドア

2. 終声の[ㄷ] ⇒ [ㄴ]（舌の先の音の鼻音化）

例　낱말 [낟말→난말] 単語

　　못 만나요 [몯 만나요→몬 만나요] 会えません

　　좋네요 [졷네요→존 네요] いいですね

3. 終声の[ㅂ] ⇒ [ㅁ]（唇の音の鼻音化）

例　안녕하십니까 [안녕하심니까] こんにちは

　　옆문 [염문] 隣のドア

■ 濃音化

　[ㄱ]、[ㄷ]、[ㅂ]と発音する終声の後に平音が続くと、平音が息の含まれない濃音に変化する発音の変化です。終声の[ㄱ]は舌の奥がのどを塞いで、[ㄷ]は舌の先が歯茎にくっ付くことで、[ㅂ]は唇が閉じることで息の流れを止めてしまうため、続く平音が息の含まない濃音になるのです。

　パッチmㅎの後にㅅが続く場合は濃音化が起きるので注意。

例　축구 [축꾸]【蹴球】・サッカー　　　국밥 [국빱] クッパ

　　좋습니다 [좉습니다→졷씀니다] いいです

■ ㄷ脱落

　[ㄷ]で発音する終声の後に平音が続くと、平音は濃音に変化しますが、その後に終声の[ㄷ]が脱落する場合があります。[ㄷ]が脱落するのは、あくまでも普通のスピードでの発音であって、ゆっくりと正確に発音するときは脱落しません。

例　숟가락 [숟 / 수 까락] さじ・スプーン　　　젓가락 [젇까락 / 저 까락] 箸

　　좋습니다 [졷습니다→ 조 씀니다] いいです

　子音が2つのパッチmの後の初声に更に子音が続くと、2つのパッチmのうちの[ㄷ]または[ㄹ]と発音する方が脱落します（☞ p.55）。ただし、右側のパッチmは後続の初声に影響を及ぼして、鼻音化・激音化・濃音化を起こしますので注意が必要です。

　ㅎパッチmの場合は、後に平音が続くと激音化が優先的に起きます。

例　앉는 [안(ㄷ)는→안(ㄴ)는→안는] 「座る」の連体形

　　많지만 [만(ㅎ + 지)만→만치만] 多いけれど

　　없습니다 [업(ㄷ)습니다→업씀니다] ありません・いません

練習

1. 読んで、発音を書いてみましょう。

    ① 시계【時計】　　　　　[　　　　　　　　　]

    ② 일본【日本】　　　　　[　　　　　　　　　]

    ③ 유행【流行】　　　　　[　　　　　　　　　]

2. 読んで、発音を書いてみましょう。

    ① 한국어【韓国語】　　　[　　　　　　　　　]

    ② 할아버지 祖父　　　　[　　　　　　　　　]

    ③ 전화【電話】　　　　　[　　　　　　　　　]

3. 読んで、発音を書いてみましょう。

    ① 값이 値段が　　　　　[　　　　　　　　　]

    ② 읽었어요 読みました　[　　　　　　　　　]

    ③ 많아요 多いです　　　[　　　　　　　　　]

4. 読んで、発音を書いてみましょう。

    ① 입학【入学】　　　　　[　　　　　　　　　]

    ② 백화점【百貨店】　　　[　　　　　　　　　]

    ③ 좋다 いい・良い　　　[　　　　　　　　　]

5. 読んで、発音を書いてみましょう。

① 작년【昨年】　　　　　[　　　　　　　　　]

② 옛날 昔　　　　　　　[　　　　　　　　　]

③ 합니다 します　　　　[　　　　　　　　　]

6. 読んで、発音を書いてみましょう。

① 식당【食堂】　　　　　[　　　　　　　　　]

② 늦잠 寝坊　　　　　　[　　　　　　　　　]

③ 입구【入口】　　　　　[　　　　　　　　　]

7. 読んで、発音を書いてみましょう。

① 듣기 聞き取り　　　　[　　　　　　　　　]

② 못 가요 行けません　[　　　　　　　　　]

③ 있습니다 あります・います　[　　　　　　　　　]

復習2

36

　次は会話でよく使われる使用頻度の高いことばです。丸暗記しておくと役に立ちますので、書きながら覚えておきましょう。

모르겠어요	달라요	만나서 반갑습니다	처음 뵙겠습니다	아름다워요
分かりません	異なります・違います	会えて嬉しいです	はじめまして	美しいです
빨라요	멀어요	잠시만 기다리세요	비슷해요	싫어요
速いです	遠いです	少々お待ち下さい	似ています	嫌いです・いやです

64

役に立つフレーズ
ばかりですよ！

닦아 주세요	대답해 주세요 【対答‐】	따뜻해요	물어보세요	천천히 말해 주세요
拭いてください	答えてください	暖かいです	おたずねください	ゆっくり言ってください

시원해요	위험해요 【危険‐】	깎아 주세요	피곤해요 【疲困‐】	늦어요
涼しいです	危険です	まけてください	疲れています・疲れました	遅いです・遅れます

第 11 課　自己紹介をしてみましょう

♪ 37 スキット　初対面の二人が話しています。

> 마에다 : 안녕하십니까?
>
> 　　　　　제 이름은 마에다 히로노부입니다.
>
> 이미애 : 안녕하세요? 이미애입니다.
>
> 　　　　　마에다 씨는 회사원입니까?
>
> 마에다 : 아니요, 대학생입니다.

★ 発音のカタカナ表記のうち、特に間違いやすい部分は発音記号で表していますが、正確な発音を
伝えるための工夫です。

제 이름은	[제이르믄] ☞ 会話では [제] と [이름] はくっ付けて発音することが多い。また、[제] は低く、[이] は高く発音する。
입니다	[임니다]
회사원입니까?	[훼사워님니까]
대학생입니다	[대학쌩임니다]

単語

제	わたくしの (저의が縮約した形)	씨	【氏】・さん
이름	名前	-는	～は
-은	～は	회사원	【会社員】
마에다 히로노부	日本人男性の名前	-입니까?	～ですか?
-입니다	～です	아니요	いいえ (⇔네 はい・ええ)
이미애	韓国人女性の名前	대학생	【大学生】

知っ得ポイント

38

◆ -(이) 라고 합니다「～といいます」

　自分の名前(名詞)の紹介などで「～といいます」と話す場合には、-이라고 합니다を用います。名前(名詞)の最後が母音で終わった場合は、이が脱落した-라고 합니다を使います。

김미선이라고 합니다.　　→　キム ミソンといいます。
마에다라고 합니다.　　　→　マエダといいます。

文法

1 -입니다 / 입니까? 「〜です / ですか」

39

名詞* に付いて「〜です」の意味を表すときは-입니다. を付けます。

일본입니다. (일본【日本】)

도쿄입니다. (도쿄 東京)

質問するときは-입니까?「〜ですか」を付けます。

처음입니까? (처음 初めて)

친구입니까? (친구【親旧】友達)

知っ得ポイント

◆ -이 の脱落

-입니다 / 입니까?が母音終わりの名詞に付くときに、会話では-이が脱落する場合があります。書くときは付けたままのほうが良いです。

친구입니다: 친구 + (이)ㅂ니다 → 친굽니다

「〜ですか？ / 〜です」と答えてみましょう。また、日本語に訳してみましょう。

① 일본 사람_____? (사람 人)

② 네, 일본 사람_____.

---

* 正確には体言（名詞、代名詞、数詞）。今後は代表して名詞だけを挙げます。

2 -은 / 는 「〜は」(助詞)

名詞に付いて「〜は」という意味を表す助詞です。最後が子音 (パッチㅁ) 終わりの名詞には母音で始まる「-은」が付き、パッチㅁの子音と母音の으が必ず連音化します。

선생님은 한국 사람입니다.　　　　　(선생【先生】 님 様 한국【韓国】)

母音終わりの名詞の場合には、子音で始まる「-는」が使われます。

저는 중국인 유학생입니다.

(저 わたくし 중국【中国】 인【人】 유학생【留学生】)

子音終わりの名詞 +	은 (連音化)
母音終わりの名詞 +	는

適当な助詞を入れて日本語に訳してみましょう。

① 서울(　　) 처음입니까?　　　　　　　　(서울 ソウル、韓国の首都)

② 제 친구(　　) 중국 사람입니다.

練習

1. 適当なことばを入れてみましょう。

① 미국 사람(　　　　　)?

　아니요, 영국 사람(　　　　　).

② 고등학생(　　　　　)?

　아니요, 중학생(　　　　　).

③ 남학생(　　　　　)?

　아니요, 여학생(　　　　　).

単語

| 미국
【美国】
アメリカ | | 영국
【英国】
イギリス | | 고등학생
【高等学生】
高校生 | |
| 중학생
【中学生】 | | 남 (자) 학생
【男(子)学生】 | | 여 (자) 학생
【女(子)学生】 | |

2. (　　)の中に適当な助詞を入れましょう。

① 이름(　　) 무엇입니까?

② 교토(　　) 제 고향입니다.

③ 직업(　　) 영어 교사입니다.

単語

| 무엇
何 | | 교토
京都 | | 고향
【故郷】 | |
| 직업
【職業】 | | 영어
【英語】 | | 교사
【教師】 | |

3. （　　）の中に単語を入れ替えて例のように答えてみましょう。

보기 직업은 무엇입니까?
　　— 저는 (회사원)입니다.

単語

① 교수
【教授】

② 가수
【歌手】

③ 경찰관
【警察官】

④ 배우
【俳優】

⑤ 의사
【医師】

⑥ 간호사
【看護師】

4. 新しく知り合った人に自分のことを伝えています。あなたも自己紹介をしてください。

안녕하세요? 야마다 노부오라고 합니다.

저는 일본 사람입니다. 고향은 삿포로입니다.

제 직업은 회사원입니다.

잘 부탁합니다.

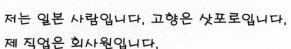

41

単語

야마다 노부오
日本人男性の名前

삿포로
札幌

잘
よろしく・よく

부탁합니다
【付託-】
お願いします

제 **12** 과　趣味をたずねてみましょう

♪
42

スキット　親しくなった二人が話しています。

이미애 : 마에다 씨 취미는 뭐예요?

마에다 : 제 취미는 운동이에요.

이미애 : 무슨 운동이에요?

마에다 : 태권도하고 축구예요.

 発音

취미	☞ [취] は [チュイ] と 2拍ではなく、[チュィ] と1拍で発音。
뭐	☞ [ムォ] は1拍で発音。会話では [モ] と発音する場合もある。
운동이에요	[doŋi] ☞ [동]（終声の）ㅇに続く [이] を鼻濁音 [doŋŋi] で発音しないように。韓国人の耳には [ギ] に聞こえてしまうので、[동] と [이] を別々に発音したほうが通じやすい。
태권도	[태꿘도] ☞ 一部の漢字語では、有声音化せず濃音で発音されることがある。
축구	[축꾸] ☞ 母音の [ㅜ] は唇をまるめること。

취미	【趣味】	무슨	何の・どんな
뭐	何、무엇が縮約した形の話し言葉	태권도	【跆拳道】テコンドー
-예요?	〜ですか?	-하고	〜と
운동	【運動】	축구	【蹴球】・サッカー
-이에요	〜です		

知っ得ポイント

43

◆ 付けないことの多い –의「〜の」

日本語の「〜の」に当たる助詞は –의です。韓国語の –의は、所有や属性などの意味を明確にする場合に用いることがあり、そのときの –의は [에 e] と発音します。

마에다 씨의 취미　　　マエダさんの趣味
한국의 요리　　　　　韓国の料理　　　　　　　（요리【料理】）

助詞の省略の多い会話では、–의を省略するほうが自然な場合が多いです。

마에다 씨 취미　　　マエダさん (の) 趣味
한국 요리　　　　　韓国料理
역 근처·역 앞　駅 (の) 近く·駅前 (역【駅】 근처【近処】·近く 앞 前)

文法

1 -이에요 / 예요「名詞＋です」

44

　-입니다とまったく同じ意味ですが、-입니다は初対面などのかしこまった場面で用いるのに対して、-이에요 / 예요は打ち解けた場面で用いる点が異なります。また、最後の요の後に「?」を付けると疑問文となります。

子音終わりの名詞 ＋	이에요 （連音化）
母音終わりの名詞 ＋	예요

PC게임이에요.　　　　　　　　　　　　　（PC게임　コンピューターゲーム）

여행이에요?　　　　　　　　　　　　　　　　　　　（여행【旅行】）

요리예요.

골프예요?　　　　　　　　　　　　　　　　　　　　（골프　ゴルフ）

知っ得ポイント

◆ -이에요と-예요の発音

　子音終わりの名詞に-이에요が付くとき、パッチmの子音と이は必ず連音化して終声の初声化が起こります。

　　게임이에요 [게이미에요]

예は、語頭やごく一部の例を除いては [에] と発音することが多いです。

　　요리예요 [요리예요 / 요리에요]

練習

「〜ですか？/ 〜です」と答えてみましょう。また、日本語に訳してみましょう。

① 취미는 운전＿＿＿＿＿＿?　　　　　　　　　　　　（운전【運転】）

② 아니요, 야구＿＿＿＿＿.　　　　　　　　　　　　（야구【野球】）

45

2 –하고「～と」(助詞)

日本語の「～と～」のように名詞を並べて表現するときに用います。名詞の最後のパッチㇺの有無に関係なく付きます。

수영하고 골프, 골프하고 수영　　　　　　　　　　　(수영【水泳】)

書き言葉では同じ意味の −와 / 과を用いることが多いです。
ただし、子音終わりの名詞には−과、母音終わりの名詞には−와が使われますので、特に注意しましょう。

수영과 골프, 골프와 수영

知っ得ポイント

◆ –(이)랑

「～と」に当たる助詞には実はもう1つ、−(이)랑があります。書き言葉で使うことはなく会話でのみ使われるのですが、参考にしておいてください。

수영이랑 골프, 골프랑 수영
水泳とゴルフ、ゴルフと水泳

子音終わりの名詞 +	하고	과	이랑 (連音化)
母音終わりの名詞 +		와	랑

 練 習

「～と」に当たる助詞を 2 つずつ入れて日本語に訳してみましょう。

① 유학생은 중국 사람(　　　　・　　　　) 한국 사람이에요.

② 취미는 요리(　　　　・　　　　) 영화 감상이에요.

　　　　　　　　　　　　　　　　　(영화【映画】 감상【鑑賞】)

練習

1. 打ち解けた場面で会話をしています。「～ですか」や「～です」に当たる表現を入れてみましょう。

① 취미는 노래（　　　　　　）？

　아니요, 춤（　　　　　　）.

② 취미는 축구（　　　　　　）？

　아니요, 등산（　　　　　　）.

③ 취미는 스포츠（　　　　　　）？

　아니요, 음악 감상（　　　　　　）.

単語

| 노래 歌 | | 음악 【音楽】 | | 등산 【登山】 | |

춤 踊り　　스포츠 スポーツ

2. 「～と」に当たる助詞を2つずつ入れて、日本語に訳してみましょう。

① 친구는 독일 사람（　　　・　　　）러시아 사람이에요.

② 가구는 책상（　　　・　　　）침대예요.

③ 취미는 스키（　　　・　　　）골프예요.

単語

독일 【獨逸】 ドイツ　　러시아 ロシア　　가구 【家具】

책상 【冊床】 机　　침대 【寝台】 ベッド　　스키 スキー

76

3. （　　）の中の単語を入れ替えて例のように答えてみましょう。

　　보기 취미는 뭐예요?

　　　― 제 취미는 (요리)이에요 / 예요.

単語

① 여행
【旅行】

② 다도·다례
【茶道·茶礼】

③ 산책
【散策】

④ 컴퓨터
コンピューター

⑤ 쇼핑
ショッピング

⑥ 그림 그리기
絵を描くこと

4. 親しくなった友人と趣味について話しています。相手の趣味をたずねてください。

한국어

46

A : 야마다 씨 취미는 테니스예요?

B : 아니요, 스키예요.

　　김지혜 씨 취미는 뭐예요?

A : 제 취미는 피아노하고 등산이에요.

単語

김지혜
韓国人女性の名前

테니스
テニス

피아노
ピアノ

TASK 1　趣味を話し合ってみましょう

次の順に沿って会話活動をしてみましょう。

Step1. 以下の文をみんなで韓国語で言ってみましょう。

★「하고, −(이)랑, −와/과」をすべて使ってみましょう。

Ａさんのカードの例
・ 私の趣味は料理と読書です。
・ 私の趣味は音楽鑑賞とピアノです。
・ 私の趣味は登山とゴルフです。
・ 私の趣味はテニスと水泳です。

Ｂさんのカードの例
・ 私の趣味はショッピングと散策です。
・ 私の趣味は運転とコンピューターです。
・ 私の趣味は絵を描くことと旅行です。
・ 私の趣味は歌と踊り（ダンス）です。

<독서　【読書】>

Step2. まず2人ずつペアになってください。その後、配られたカードの韓国語をすらすら言える
ように練習してください。

Ａさんのカードの例	제 취미는 요리하고 / 와 / 랑 독서예요.
Ｂさんのカードの例	제 취미는 쇼핑하고 / 과 / 이랑 산책이에요.

Step3. ペアの人と【会話例】のように話し合ってください。

【会話例】

A：(B) 씨, 취미가 뭐예요?　　　　B：제 취미는 쇼핑**하고** 산책이에요. (A) 씨는요?

A：제 취미는 요리**랑** 독서예요.　　B：아, 그래요?

Step4. 話し合った内容を【発表例】のように発表してください。

【発表例】

Aさんの発表の場合：제 취미는 요리**하고** 독서예요. (B) 씨 취미는 쇼핑**과** 산책이에요.

Step5. 自分の趣味についても自由に話し合って発表しましょう。

〈頻度順単語集 1-20〉

韓国の国立国語研究院が発表した韓国語の使用頻度順の語彙のうち、名詞・動詞・形容詞・副詞のみを頻度順の1～100までご紹介します。それぞれの例文の語彙も頻度の高いものを用いているので、暗記しておくと役に立ちます。

---

1. **하다** する
   운동을 해요.
   運動をします。

2. **있다** ある・いる
   돈이 있어요.
   お金があります。

3. **되다** なる・OKだ
   이 카드 돼요?
   このカード使えますか?

4. **없다** ない・いない
   자리가 없어요.
   席がありません。

5. **사람** 人
   우리나라 사람이에요.
   わが国の人です。

6. **보다** 見る
   한국 영화를 봐요.
   韓国映画を観ます。

7. **같다** 同じだ
   내용이 같아요.
   内容が同じです。

8. **때** とき・折
   학생 때는 시간이 있어요.
   学生の時は時間があります。

9. **대하다** 対する・接する
   친절하게 대합니다.
   親切に接します。

10. **말** ことば
    한국말을 배워요.
    韓国語を学びます。

11. **일** 仕事
    일이 바빠요.
    仕事が忙しいです。

12. **가다** 行く
    바로 가요.
    すぐ行きます。

13. **위하다** ためになる・ためにする
    건강을 위해 운동해요.
    健康のために運動します。

14. **그렇다** そうだ
    왜 그래요?
    なぜそうなんですか?

15. **말하다** 話す・言う
    천천히 말해 주세요.
    ゆっくり言ってください。

16. **그러나** しかし
    그러나 어렵지 않아요.
    しかし難しくありません。

17. **알다** 分かる・知る
    일본말 알아요?
    日本語分かりますか?

18. **오다** 来る
    친구가 일본에 와요.
    友達が日本に来ます。

19. **또** また・再び・更に
    또 만나요.
    また会いましょう。

20. **문제** 問題
    문제 없어요.
    問題ありません。

제  과　歳と誕生日をたずねてみましょう

 知り合った二人が話しています。

이미애 : 대학교 몇 학년이에요?

마에다 : 삼 학년입니다. 팔십구 년생이에요.

이미애 : 생일은 언제예요?

마에다 : 시월 십육일이에요.

대학교	[대학꾜]
몇 학년	[면학년→며탁년→며탕년]
삼 학년	[사망년]
생일은	[생이른] ☞ [생] （終声の [ㅇ]）に続く [이] を鼻濁音で発音しないこと。 [생] と [이] を別々に発音したほうが通じやすい。
언제예요	[언제에요] ☞ 예は語頭を除き、[에] と発音することが多い。
십육일	[십뉵일→심뉴길] ☞ ㄴ添加（挿入）（☞ p.81）

単語

대학교	【大学校】4年制大学 ★대학【大学】は2年制大学を示す場合が多い。	생일	【生日】誕生日
몇	数詞を問う場合に用いる 疑問詞、何・幾・いくつの	언제	いつ
학년	【学年】-年生	시월	【十月】
삼	【三】	십육일	【十六日】
팔십구	【八十九】		

48

知っ得ポイント

◆ ㄴ[n]が挿入される発音の変化

　日本語の山は[san]と、王は[ou]と発音しますが、山王は[san n ou]と発音します。これによく似た発音の変化が ㄴ添加 (挿入) で、韓国語では終声 (パッチ m) の後に[j]から始まる二重母音 (야、여、요、유、애、예) と[i] (이)が続く場合に起きることがあります。

부산역 [부산녁]　　プサン【駅】〈부산【釜山】韓国の南海岸にある都市で、2番目に大きい都市〉(부산 + 역)

십육 [십뉵→심뉵]　　【十六】(십 + 육)

한국 요리 [한국뇨리→한궁뇨리]　　【韓国料理】(한국 + 요리)

　ただし、ㄴが挿入されるのは、二つの単語の境界が認められるときです。1つの単語内ではㄴが挿入されず、連音化 (終声の初声化) が起きます。

환영 [화녕] 【歓迎】　　**목요일** [모교일] 【木曜日】

◆ 韓国の暦

　日本では旧暦を使用することはほとんどなくなりましたが、韓国では古くからのお祝い事には旧暦を使うことが一般的です。例えば、생일(誕生日)や설날(旧暦の元日)、추석 (【秋夕】十五夜) など古くからの伝統的なお祝いごとは旧暦で祝う習慣があります。国の祭日でも、クリスマスは陽暦ですが、お釈迦様の誕生日は旧暦で祝うので、陽暦のカレンダーには毎年異なった日付で記すことになっています。

文法

1 일·이·삼·사「一·二·三·四」（漢数詞）

49

　　日本語の数え方には二通りの方法がありますが、そのうちの「いち・に・さん…」の数え方に当たる数詞です。中国からの漢字由来のことばですので、日本語の音読みとも発音がよく似ています。

0 〜 9		10 〜 19		20 〜 90		100 〜	
0	영/공	10	십	20	이십	百	백
1	일	11	십일	30	삼십	千	천
2	이	12	십이	40	사십	万	만
3	삼	13	십삼	50	오십	十万	십만
4	사	14	십사	60	육십	百万	백만
5	오	15	십오	70	칠십	千万	천만
6	육	16	십육	80	팔십	億	억
7	칠	17	십칠	90	구십	兆	조
8	팔	18	십팔				
9	구	19	십구				

★ 並べ方も日本語と同じ。ただし、「1万」の場合のみ「万」だけを使う。

■ 漢数詞を用いる助数詞

년 【年】	월 【月】	일 【日】	분 【分】	원 ウォン
번 【番】	호 【号】	도 【度】	세 【歳】	층 【層】階

전화번호는 공구공의 팔칠이오의 삼사육일이에요.

(전화【電話】　번호【番号】)

얼마예요? ― 만 삼천 원이에요.

(얼마 いくら)

韓国語で答えてみましょう。

① 저는 (2006年 → 　　　　　　　)생이에요.

② 제 교실은 (3階 → 　　　　　　　)이에요.

(교실【教室】)

2 몇 월 며칠「何月何日」

50

暦も漢数詞を用いますが、月の場合のみ 6月と10月に変化がありますので、注意しましょう。

1月	일월	5月	오월	9月	구월
2月	이월	6月	유월	10月	시월
3月	삼월	7月	칠월	11月	십일월
4月	사월	8月	팔월	12月	십이월

생일은 몇 월 며칠이에요? ★몇 일と書かないように注意!

제 생일은 유월 삼십일이에요.

知っ得ポイント

◆ 삼の発音

　삼「3」の終声は唇の音の[m]ですので、必ず唇を閉じる必要があります。삼십と삼천のカタカナ読みでは、[ン]が[n]と発音されるので、韓国語母語話者には[san]、つまり산「山」と認識されてしまいます。また、[n]は唇を閉じないことで、사십・사천と聞こえてしまうこともあるようです。삼の終声のㅁ[m]は、瞬間的にも必ず唇を閉じなければ通じにくいことを、絶対に忘れないでください。

◆ 십の発音

　십の終声も唇の音の[p]ですので、必ず唇を閉じる必要があります。例えば「19」の십구をカタカナ読みすると、[シック sikku]となるので、韓国語母語話者には[식구]【食口】、つまり「家族」と認識されてしまいます。絶対に唇を閉じたままで発音を終えることを忘れないでください。

練 習

韓国語で答えてみましょう。

① (12月25日 →　　　　　　　　　　)은 크리스마스예요.　(크리스마스 クリスマス)

② 오늘은 (10月9日 →　　　　　　　　　)이에요.　　　　　　　　(오늘 今日)

練習

1. 数字を韓国語で書き、合う助詞を線でつないでみましょう。

① 방은　（726→　　　　　）・　　　　　　　　・　원이에요.

② 다음 버스는　（15→　　　　　）・　　　　　　・　호예요.

③ 사과는　（4,500→　　　　　）・　　　　　　　・　분이에요.

単語

방		다음		버스		사과	
【房】 部屋		次・次回・ 今度		バス		【沙果】 りんご	

2. 月日を韓国語で書いて日本語に訳しましょう。

① 설날은　（1月26日→　　　　　　　　）이에요.

②（8月5日→　　　　　　　　）은 여름 방학이에요.

③ 추석은　（9月22日→　　　　　　　）이에요.

④ 내일은　（6月30日→　　　　　　　）이에요.

単語

설날		여름		방학	
旧暦の 元日		夏		【放学】 学校の休み	
추석		내일			
【秋夕】 十五夜		【来日】 明日			

3. 例のようにカレンダーを見て何の日かを言ってみましょう。

보기 시월 이일은 무슨 날이에요? (날 日・日和)

— 오빠 생일이에요. (오빠 (妹からみた) 兄)

10월						
1	2	3	4	5	6	7
	오빠 생일				운동회	
8	9	10	11	12	13	14
	한글날			언니 결혼식		

単語

운동회 【運動会】		한글날 ハングル の日		결혼식 【結婚式】		언니 (妹からみ た) 姉	

4. 親しくなった友達に連絡先を教えています。電話番号とメールアドレスを聞いてください。

A: 김지혜 씨 전화번호가 몇 번이에요?

B: 제 전화번호는 010-9931-9711이에요.

A: 그러면 메일 주소는 뭐예요?

B: 메일 주소는 kjh@tsu.ac.jp예요.

51

単語

그러면 それなら・それでは・ (それ)じゃあ		메일 メール		주소 【住所】	

제 **14** 과　家族について話してみましょう

 **スキット**　家族の写真を見ながら話しています。

이미애 : 이거 가족 사진이에요?

마에다 : 네, 우리 가족이에요.

이미애 : 이분이 마에다 씨예요?

마에다 : 아니요, 우리 형이에요.

 発音

이거	☞ [거] を鼻濁音で発音しないこと、韓国語母語話者には [잉어]「鯉」に聞こえることがある。
가족 사진이에요	[가족싸지니에요]
마에다 씨예요	[마에다씨에요] ☞ 예は語頭を除き、[에] と発音することが多い。
형이에요	☞ [형]（終声の [ㅇ]）に続く [이] を鼻濁音で発音しないこと。[형] と [이] を別々に発音したほうが通じやすい。

이거	これ (←この物)、이는この (指示語)、 거は것「物・こと」の話し言葉	이분	この方、분「方」は사람「人」の敬語
가족	【家族】	-이	〜が (助詞)、他に -가の形もある
사진	【写真】	형	(弟からみた)【兄】
우리	うち (の)・私達 (の)		

53

知っ得ポイント

◆ 우리「うちの」の意味合い

　　韓国の社会は昔から血縁関係を重視する傾向があるため、親族関連の呼称が発達しています。最近では他人に対しても親族関係の呼称を用いることで、相手を大切にしているニュアンスを伝えようとしていることがあります。そのため、오빠や형、언니のような呼称が、先輩や店のお客に対してまで使われることが多いのですが、やはり親族や身内を示す表現は必要で、その際に우리を用いる場面がしばしば見受けられます。(家族の呼び方は p.91 参照)

　　　　이 오빠는 학교 선배예요.　　このお兄さんは学校の先輩です。

　　　　우리 오빠예요.　　　　　　うちの (親族の)兄です。

◆ 呼称の前に用いる우리「うちの」と제「私の」の違いについて

　　日本語では姉も妹も「うちの」や「私の」を前に付けて表現することができます。韓国語では、姉の場合は、우리 언니と言いますが제 언니とは言えません。一方妹の場合は、우리 동생【同生】も제 동생とも言うことが可能です。その使い分けにはやはり序列があるものと思われます。제は所有の意味が強いので、年上や目上に対して使うのは礼にそぐわないように感じるからでしょう。

　　　　우리 어머니(엄마)　　　　うちの母 (ママ) → (○)

　　　　(제 어머니(엄마)　　　　　私の母 (ママ) → (×))

1 이・그・저・어느「こ（の）・そ（の）・あ（の）・ど（の）」(指示語)

54

「こ、そ、あ、ど」や「この・その・あの・どの」に当たる指示語です。

이것은 무엇입니까?

제 것은 어느 거예요?

場所を示す場合は、여기・거기・저기・어디「ここ・そこ・あそこ・どこ」を用います。

저기는 학생 식당입니다. （식당【食堂】）

화장실은 어디예요? （화장실【化粧室】）

知っ得ポイント

◆ 저と「あ（の）」の違い

日本語の「あ（の）」を韓国語では그と言うときがあります。저は話し手と聞き手が共に見える範囲の物に対してのみ使いますので、その場にいない人や物を語るときは그を用います。

저 사람은 우리 누나입니다. （누나（弟からみた）姉）

（話し手と聞き手が見える範囲にいる）あの人はうちの姉です。

그 사람은 우리 누나입니다.

（話の現場にいない）あの人（又はその人）はうちの姉です。

練 習

韓国語で答えてみましょう。

① 도서관은 (どこ→　　　　　)예요? （도서관【図書館】）

② 교실은 (あっちのほう→　　　　　)이에요. （쪽 方）

2 -이/가「～が / は」(助詞)

日本語の「～が」に当たる助詞です。また、文の最初に用いられ、初めてふれる事柄について たずねるとき（「あのですね、○○は～」の場面など）は「～は」の意味で使われます。

子音終わりの名詞 +	이 (連音化)
母音終わりの名詞 +	가

이것이 무엇입니까? (=이게 뭐예요?)

저, 여기가 박물관이에요?

（저 あのう 박물관【博物館】）

知っ得ポイント

◆ 話し言葉で用いる指示語

これは	이것은 → 이건	これが	이것이 → 이게
それは	그것은 → 그건	それが	그것이 → 그게
あれは	저것은 → 저건	あれが	저것이 → 저게
どれは	어느 것은 → 어느 건	どれが	어느 것이 → 어느 게

 練 習

適当な助詞を入れてみましょう。

① 이 사람(　　) 제 여자 친구예요. 　　　　　　　　（여자 친구【女子 親旧】彼女）

この人が私の彼女 (←女性の友達)です。

② 저는 아내(　　) 한국 사람이에요. 　　　　　　　　　　　　　　（아내 妻）

私は妻が韓国人です。

練習

1. ( ) に指示語を韓国語で入れてみましょう。

① 공원이 　(どちらのほう→ 　　　　)이에요?

② 사무실이 　(ここ→ 　　　　)예요?

③ 수영장은 　(どこ→ 　　　　)예요?

単語

공원	사무실	수영장
【公園】	【事務室】	【水泳場】プール

2. ―이 / 가に注意し、例にならって質問に答えてみましょう。

보기

(아빠 パパ)

이분이 누구예요? （누구 誰）

― 이분은 우리 아빠예요.

①

(부모님 【父母-】様・両親)

이분이 누구예요?

②

(이모 母方のおばさん)

이분이 누구예요?

3. 次の文章には -이 / 가のどちらがつくでしょうか。選んでみましょう。

① 이 사람(이 / 가) 고등학교 친구예요.

② 저, 부산(이 / 가) 도시예요?

③ 남자 친구(이 / 가) 군인이에요?

単語

고등학교 【高等学校】 高校		도시 【都市】		남자 친구 【男子 親旧】 彼氏		군인 【軍人】	

4. 友達と家族の話をしています。写真を見せながら紹介してください。

우리 가족입니다.

우리 집은 아버지와 어머니 그리고 남동생, 사 인 가족이에요.

(인【人】(助数詞))

아버지하고 어머니는 회사원이에요.

남동생과 저는 대학생이에요.

🎵 56

単語

집 家		남동생 【男同生】 弟		그리고 そして	

🎵 57

家族名称

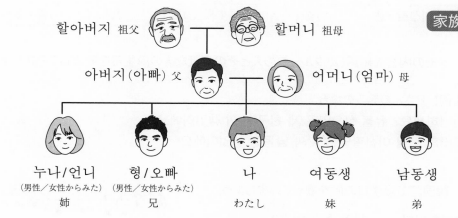

할아버지 祖父 ─ 할머니 祖母

아버지(아빠) 父 ─ 어머니(엄마) 母

누나/언니 （男性／女性からみた） 姉	형/오빠 （男性／女性からみた） 兄	나 わたし	여동생 妹	남동생 弟

TASK2 誕生日について話してみましょう

次の順に沿って会話活動をしてみましょう。

Step1. 身近な人の写真を準備し、メモの欄に自分と身近な人の誕生日を書きましょう。また、
書いたメモを例のように文に変えて言ってみましょう。

<table>
<tr><td>

メモ

내 생일 : (　　)월 (　　)일
→

(　　　　) 생일 : (　　)월 (　　)일
→

</td><td>

A さんのメモの例

내 생일 : (유)월 (십오)일
→ 제 생일은 유월 십오일이에요.

(남동생) 생일 : (구)월 (이십팔)일
→ 남동생 생일은 구월 이십팔일이에요.

</td></tr>
</table>

<내 わたしの>

Step2. 3〜4人がグループになって、順番に自分と身近な人の誕生日を話してください。他の人は
発表を聞いて発表の内容のメモを取りましょう。

【会話例】A さんの発表の場合
A : 안녕하세요? 유월 십오일은 제 생일이에요.
(写真を見せながら) 이 사람은 제 남동생이에요. 제 남동생 생일은 구월 이십팔일이에요.

<メモ>

A 씨	(　　　　) 씨	(　　　　) 씨	(　　　　) 씨
(유)월 (십오)일	(　　)월 (　　)일	(　　)월 (　　)일	(　　)월 (　　)일
A 씨　남동생	(　　) 씨 (　　)	(　　) 씨 (　　)	(　　) 씨 (　　)
(구)월 (이십팔)일	(　　)월 (　　)일	(　　)월 (　　)일	(　　)월 (　　)일

Step3. メモの内容を確認し、グループの人とその身近な人の誕生日を発表してみましょう。

【会話例】Bさんの発表の場合
B : 안녕하세요? 유월 십오일은 제 친구 A 씨 생일이에요.
그리고 구월 이십팔일은 A 씨 남동생 생일이에요.

Step4. 韓国語で誕生日の歌を歌ってみましょう。

생일 축하합니다~♪　생일 축하합니다~♪

사랑하는 (　　) 씨 ~♪　생일 축하합니다~♪

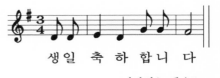

<사랑하는 愛する〜>

92

21. **많다**　多い
カフェに사람이많아요.
カフェに人が多いです（混んでいます）。

22. **더**　もっと
물더주세요.
水もっとください。

23. **그리고**　そして
문제는시간, 그리고돈이에요.
問題は時間、そしてお金です。

24. **사회**　社会
사회에나가요.
社会に出て行きます。

25. **안**　（否定）～（し）ない
몸이안좋아요.
体調が良くないです（←体が良くないです）。

26. **좋다**　良い
머리가좋아요.
頭が良いです。

27. **받다**　受け取る・もらう
일본돈받아요?
日本のお金使えますか（←受け取りますか）？

28. **따르다**　従う
선생님을따라하세요.
先生につづいてやってください。

29. **크다**　大きい
구두가너무커요.
靴がとても大きいです。

30. **나오다**　出てくる・出る
물이안나와요.
水が出ません。

31. **만들다**　作る
한국음식을만들어요.
韓国料理を作ります。

32. **생각하다**　考える・思う
무슨생각해요?
何を考えていますか（←どんな考えをしますか）？

33. **속**　内側・奥・うち・中
그속에무엇이있어요?
その中に何がありますか？

34. **모르다**　分からない・知らない
잘모르겠어요.
よく分かりません。

35. **자신**　自分・自身
자신을믿으세요.
自分を信じてください。

36. **경우**　場合
이경우에는안돼요.
この場合はだめです。

37. **집**　家
집이좀멀어요.
家がちょっと遠いです。

38. **살다**　住む・暮らす
어디에살아요?
どこに住んでいますか？

39. **생각**　考え・思い
그생각좋네요.
その考え良いですね。

40. **그러다**　そうする
그러지마세요.
そうしないでください。

1. ハングルで名刺を作ってみましょう。また、その名刺を交換しながらお互いの情報をたずね
   あってください。

58

도쿄세이토쿠대학교

마쓰모토 슈이치

〒 279-1234
지바현 우라야스시 미즈나 2014
syuichi-matsu@tsu.ac.jp
☎ 047-328-1000

한국대학교

최민희

⊕ 06375
서울시 남대문구 대한동 3562
choi-mih@koreauniv.ac.kr
☎ 02-001-2585

한국어

마쓰모토: 안녕하십니까? 저는 마쓰모토 슈이치라고 합니다.

　　　　　저는 도쿄세이토쿠대학교 한국어 교수입니다.

최민희:　안녕하세요, 저는 최민희입니다.

마쓰모토: 최민희 씨는 한국어 교수입니까?

최민희:　아니요, 저는 일본어 교수입니다.

　　　　　마쓰모토 씨, 이 전화번호는 학교 사무실 번호입니까?

마쓰모토: 아니요, 이건 제 방 전화번호입니다.

최민희:　그러면 이 메일 주소는요?

마쓰모토: 이건 학교 메일 주소입니다.

최민희:　아, 네, 앞으로 잘 부탁합니다.

마쓰모토: 잘 부탁합니다.

単語

한국어 韓国語	가 다 마 나 라	일본어 日本語	あ い お う え

(현【県】 시【市】)

94

2. 近所の店に買い物に来ました。

　店員とお客さんになったつもりで好きなものを買ってお金を払ってください。

59

한국어

점원: 어서 오세요.

손님: 아주머니 안녕하세요.

　　　이 떡 얼마예요?

점원: 4,300원이에요.

손님: 그럼 포도는 얼마예요?

점원: 이건 2,500원이에요.

손님: 떡하고 포도 주세요.

점원: 네, 모두 6,800원이에요.

　　　감사합니다.

손님: 네, 안녕히 계세요.

単語

점원	손님	아주머니
【店員】	お客さん	おばさん、会話ではぞんざいな表現の

아줌마がよく使われる

떡	포도	주세요	모두
餅	【葡萄】	ください	すべて

（그럼　それでは、그러면の縮約した形の話し言葉）

敬語表現を使ってみましょう

スキット　友人の写真を見ながら話しています。

이미애 : 아버님은 어느 분이십니까?

마에다 : 이분이 아버지십니다.

이미애 : 그럼, 이분은 누구세요?

마에다 : 아, 이분은 우리 가족이 아니에요.

어느 분이십니까?　　[어느부니심니까] ☞ [어느] と [분] は繋げて発音。

그럼　　　　　　　　☞ [럼] は唇を閉じたままで1拍で発音。

아버님	お父さま・お父上	-(이)세요?	～でいらっしゃいますか?
-(이)십니까?	～でいらっしゃいますか?	아	あ・ああ (間投詞)
아버지	父・お父さん	-이 / 가 아니에요	～ではありません
-(이)십니다	～でいらっしゃいます		

61

知っ得ポイント

◆ 日韓の敬語表現の違い

　日本語でも韓国語でも、年上や目上に対しては敬語を使うという共通点があります。しかし日本語は身内は下げて表現（相対敬語）しますが、韓国語は年上や目上に対しては身内であっても敬語を用いる（絶対敬語）点が異なります。

これが	うちの	父です。(日本語の敬語表現)
이분이	**우리**	**아버지**십니다. (韓国語の敬語表現)
(この方が	うちの	お父さんでいらっしゃいます。)

62

1　-(이)십니까? / (이)십니다「～でいらっしゃいますか / でいらっしゃいます」

かしこまった場面で用いる -입니다 / 입니까? の敬語形です。

선생님이 일본 분이십니까?

우리 아버지는 의사십니다.

子音終わりの名詞 +	**이십니까?** （連音化）
母音終わりの名詞 +	**십니까?**

-(이)세요? / (이)세요「～でいらっしゃいますか / でいらっしゃいます」

打ち解けた場面で用いる -이에요または예요の敬語形です。

어머님이 한국 분이세요?　　　　　　　　　　　　(어머님 お母さま・お母上)

우리 어머니는 교사세요.

子音終わりの名詞 +	**이세요?** （連音化）
母音終わりの名詞 +	**세요?**

練 習

文末を敬語形で答えてみましょう。

① 이분은 우리 할머니(　　　　　　　　　　　　).

② 직업이 회사원(　　　　　　　　　　　　)?

2 　 -이 / 가 아닙니다と-이 / 가 아니에요「～ではありません」

　아닙니다や아니에요の아니は否定の表現で、丁寧に否定するときに아닙니다や아니에요を用います。名詞に付いて「～ではありません」と表現するときは、名詞の後に -이または -가という助詞を用いる点に注意しましょう。

子音終わりの名詞 +	이 아닙니다 / 아니에요
母音終わりの名詞 +	가 아닙니다 / 아니에요

저는 회사원이 아닙니다.
이것은 제 메일 주소가 아니에요.

知っ得ポイント

◆ 아닙니까?と아니에요? / 아니십니까?と아니세요?

　　아닙니다と아니에요の疑問形は아닙니까?と아니에요?となります。また、敬語形は
아니십니다と아니세요や아니십니까?と아니세요?となります。

適当な助詞を入れてみましょう。

① 제 남편은 한국 사람(　　　) 아닙니다.　　　　　　　　　　　(남편【男便】夫)

　私の夫は韓国人ではありません。

② 제 아내는 간호사(　　　) 아니에요.

　私の妻は看護師ではありません。

練習

1. ( ) に「〜でいらっしゃいますか? / でいらっしゃいます」をあらわす敬語表現を入れてみましょう。

① 저분은 어머님(　　　　　　　)?

　　아니요, 우리 할머니(　　　　　　　).

② 할아버지 고향은 경주(　　　　　　　)?

　　아니요, 부산(　　　　　　　).

③ 아버님은 몇 년생(　　　　　　　)?

　　우리 아버지는 1976년생(　　　　　　　).

単語

경주
【慶州】
韓国の東南にある歴史都市

2. ( ) に適当な助詞を入れて日本語に訳してみましょう。

① 그 사람은 제 딸(　) 아닙니다.

② 저기는 호텔(　) 아니에요?

③ 저는 의사(　) 아닙니다.

単語

딸
娘

호텔
ホテル

100

3. 例にならって日本語訳に合うように助詞を入れ、文末を敬語表現にして文章を完成させましょう。

> 보기 이분 / 우리 어머니　　　　→　＿＿＿**이분은 우리 어머니세요**＿＿＿ .
>
> この人はうちの母です。

① 할아버지 / 회사 사장님　　　→　＿＿＿＿＿＿＿＿＿＿＿＿＿＿ .

　　祖父は会社の社長ではありません。

② 우리 선생님 / 일본 분　　　→　＿＿＿＿＿＿＿＿＿＿＿＿＿＿ .

　　うちの先生は日本の方です。

③ 저분 / 기숙사 아주머니　　　→　＿＿＿＿＿＿＿＿＿＿＿＿＿＿ .

　　あの方は寄宿舎のおばさんではありません。

単語

사장		기숙사	
【社長】		【寄宿舎】・寮	

---

4. 友達に自分の先生を紹介してください。

박상우 선생님은 우리 한국어 교수님이세요.

선생님 고향은 서울이 아니에요. 부산이에요.

선생님 부인은 미국 분이세요.

선생님 부인은 영어 선생님이세요.

64

単語

박상우		부인	
韓国人男性の名前		【夫人】奥さん	

★目上の人の持ち物や関係のある事柄に対しては、敬語を用いることもあります。

位置をたずねてみましょう

 韓国の街角で話しています。

マエダ : **백화점이 어디에 있습니까?**

イミエ : **저 건물 뒤에 있습니다.**

マエダ : **백화점 안에 은행이 있습니까?**

イミエ : **아니요, 없습니다.**

 発音

백화점이	[배콰저미]
있습니까	[읻씀니까 / 이씀니까] ☞ [씀] の終声の [ㅁ] は唇を閉じて1拍で発音。
건물	☞ [건] の終声の [ㄴ] は舌の先の音。唇を閉じないように注意。
은행이	[으냉이] ☞ [냉이] の [이] を鼻濁音で発音しないように。
없습니다	[업(ㄷ)습니다→업씀니다] ☞ [씀] の終声は唇を閉じて1拍で発音。

백화점	【百貨店】	있습니다	あります・います〈있(다)+습니다〉
-에	～に（助詞）	안	中
있습니까?	ありますか?・いますか? 〈있(다)+습니까?〉	은행	【銀行】
건물	【建物】	없습니다	ありません・いません 〈없(다)+습니다〉
뒤	後ろ		

知っ得ポイント

◆ 있다と없다について

　韓国語の있다は日本語の「ある」や「いる」に対応します。없다も日本語の「ない」や「いない」に対応し、「ある・ない」と「いる・いない」のような使い分けはありません。しかし、敬語の形では区別するため、「ある・ない」の敬語形は있으시다・없으시다を、「いる・いない」の敬語形は계시다・안 계시다を用います。

文法

1 있다 / 없다「ある・いる / ない・いない」(存在詞)

　韓国語の用言は語幹と語尾に分類します。-다は用言の基本形であることを示す語尾で、この -다を取り除いた部分が語幹となります。

　日本語の「ある・いる」と「ない・いない」に当たる用言は있다と없다で、そのうちの있 / 없が語幹、다は基本形の語尾となります。

	語幹	語尾	
ある・いる	**있**	**다**	基本形 / 原形 / 辞書形
ない・いない	**없**		

2 -습니다 / 습니까?「〜です(か) / ます(か)」(丁寧形の합니다体)

　子音終わりの語幹 (語幹末に子音 (パッチm) のある語幹、子音語幹とも言う) には、-습니다を付けると「〜です / ます」、-습니까?を付けると「〜ですか / ますか」と丁寧に表現することができます。初対面などのかしこまった場面で用いる丁寧な表現で、一般に합니다体と言います。

(합니다体) 子音終わりの語幹 +		**습니다 / 습니까?**	

	語幹	語尾	
ある・いる		**다** (基本形)	있다
あります・います	**있**	**습니다** (丁寧形)	있습니다
ありますか・いますか		**습니까?** (丁寧形)	있습니까?
ない・いない		**다** (基本形)	없다
ありません・いません	**없**	**습니다** (丁寧形)	없습니다
ありませんか・いませんか		**습니까?** (丁寧形)	없습니까?
そうだ		**다** (基本形)	그렇다
そうです	**그렇**	**습니다** (丁寧形)	그렇습니다
そうですか		**습니까?** (丁寧形)	그렇습니까?

　오후에 수업이 없습니까?　　　　　　　(오후【午後】　수업【授業】)

　네, 그렇습니다.

練習

　丁寧な表現にしてみましょう。

　① 영어는 (어렵다 →　　　　　　　　　)?　　　　　　　　(어렵다 難しい)

　② 한국어는 (쉽다→　　　　　　　　　).　　　　　　　　(쉽다 易しい)

3 -에「〜に」（助詞）

時や場所などを指定する助詞です。名詞の終声（パッチㅁ）の有無に関係なく付きます。

제 방은 이 층에 있습니다.

일월에 시험이 있습니다.
（시험【試験】）

67

4 앞·뒤·안…「前·後·内…」（位置名詞）

位置を表すときに用いる名詞を使用頻度の順で覚えましょう。

속 内側·奥·うち·中	앞 前	뒤 後ろ	안 内·内部·中　위 上
사이 間	밖 外	가운데 まんなか	옆 横·側
아래 下の方	밑 物の下·底	근처【近処】·近く	
왼쪽 左·左の方	오른쪽 右·右の方		
맞은편 向かい側	건너편 向こう側		

가방 속에 책이 있습니다.
（가방 かばん　책【冊】本）

역 앞에 회사가 있습니다.
（회사【会社】）

 練習

適当なことばを入れてみましょう。

① 약국은 병원 (上 →　　　　　)에 있습니다.
（약국【薬局】　병원【病院】）

② 경찰서와 서점 (間 →　　　　　)에 우체국이 있습니다.
（경찰서【警察署】　서점【書店】　우체국【郵逓局】郵便局）

練習

1. 例のように丁寧形にしてみましょう。

			~습니까?	~습니다.
보기	같다	同じだ	같습니까?	같습니다.
	많다	多い		
	좋다	良い		
	받다	受ける・もらう		
	먹다	食べる		
	어떻다	どうだ		
	적다	少ない		
	넓다	広い		
	가깝다	近い		
	싫다	いやだ		
	괜찮다	大丈夫だ		
	맛있다	美味しい		
	뜨겁다	熱い		
	춥다	寒い		
	덥다	暑い		

2. 位置を表すことばを入れて日本語に訳してみましょう。

① 운동장은 학교 (内→   )에 있습니다.

② 아파트 (前→   )에 교회가 있습니다.

③ 의자 (下→   )에 쓰레기가 있습니다.

単語

운동장 【運動場】

아파트 アパート

교회 【教会】

의자 【椅子】

쓰레기 ごみ

106

3. トイレに行きたいです。位置をたずねてください。

A: 화장실이 어디에 있습니까?

68

B: 계단 바로 옆에 있습니다.

(바로 すぐ)

A: 그래요?(=그렇습니까?) 감사합니다.

B: 아, 미안합니다! 여자 화장실은 삼 층입니다.

単語

계단
【階段】

그래요?
そうですか

---

4. ソウル駅周辺の地図です。目的地をたずねたり、道案内をしてください。

KTX 타는 곳이 어디에 있습니까?

– 서울역 안에 있습니다.

単語

KTX
韓国の高速鉄道

타는 곳
のりば

정류장
【停留場】

TASK3 位置をたずねてみましょう

次の順に沿って会話活動をしてみましょう。

Step1. 以下の文をみんなで韓国語で言ってみましょう。

> ・薬局は書店の向かい側の建物の1階にあります。
>
> ・ネットカフェは花屋と薬局の間にあります。
>
> ・弘大入口駅の9番出口の前です。9番出口はオーケーチキンの近くにあります。
>
> ・駅の左側に書店があります。書店は建物の2階にあります。
>
> ・病院は書店の上にあります。2階ではありません。3階にあります。
>
> ・駅の近くにはカフェがありません。カフェは銀行の建物の1階にあります。

<PC방 ネットカフェ、꽃집 花屋、홍대입구역【弘大入口駅】、출구【出口】、치킨 チキン、카페 カフェ>

Step2. 地図を見ながら、配られた位置カードの場所を例のように韓国語で言ってみましょう。

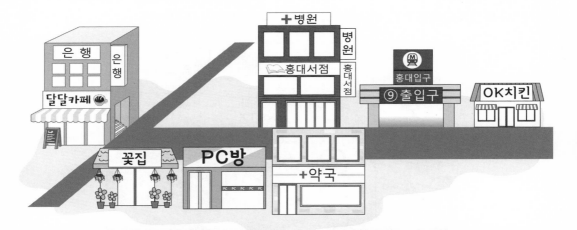

Aさんの位置カードの例 약국
약국은 서점 맞은편 건물 1층에 있습니다.

Bさんの位置カードの例 PC 방
PC방은 꽃집하고 약국 사이에 있습니다.

Step3. 2人ずつペアを作りましょう。その後に地図を見ながら、配られたカードに書かれている
　　　 自分の位置を説明してください。また、相手の位置を地図にマークしましょう。

【会話例】

A：(B) 씨, 지금 어디에 있습니까?

B：저는 약국 앞에 있습니다. 약국은 서점 맞은편 건물 1층에 있습니다.

　　(A) 씨는 어디에 있습니까?

A：저는 PC방에 있습니다. PC방은 꽃집하고 약국 사이에 있습니다.

41. **가지다**　持つ
   자신을 가지세요.
   自信を持ってください。

42. **다시**　また・再び・再度
   다시 한번 말해 주세요.
   もう一度言ってください。

43. **앞**　前
   역 앞에 있어요.
   駅前にあります。

44. **여자**　女子・女性・女
   여자 화장실이 어디예요?
   女子トイレはどこですか?

45. **보이다**　見える
   잘 보이세요?
   よく見えますか?

46. **좀**　ちょっと
   옷이 좀 작아요.
   服がちょっと小さいです。

47. **어떻다**　どうだ
   이건 어때요?
   これはどうですか?

48. **정도**　程度・くらい
   한 시간 정도 걸려요.
   1時間くらいかかります。

49. **통하다**　通じる・通す
   거기는 일본어가 안 통해요.
   そこは日本語が通じません。

50. **이렇다**　こうだ
   이렇게 해 주세요.
   このようにしてください。

51. **잘**　よく、よろしく
   앞으로 잘 부탁합니다.
   これからよろしくお願いします。

52. **소리**　音
   소리가 너무 커요.
   音が大きすぎます。

53. **들다**　入る
   감기가 들었어요.
   風邪にかかりました(←風邪が入りました)。

54. **인간**　人間
   인간은 동물과 달라요.
   人間は動物と違います。

55. **시간**　時間
   오늘은 시간이 없어요.
   今日は時間がありません。

56. **다음**　次、次回、今度
   다음 역에서 내리세요.
   次の駅で降りてください。

57. **지나다**　過ぎる・経つ
   약속 시간이 지났어요.
   約束の時間が過ぎました。

58. **주다**　あげる・くれる
   누가 선물을 줬어요?
   誰がプレゼントをくれましたか?

59. **다**　すべて・全部
   숙제를 다 했어요.
   宿題を全部やりました。

60. **의하다**　(〜に)よる
   일기예보에 의하면 날씨가 좋습니다.
   天気予報によると天気が良いです。

제 *17* 과　一週間の予定をたずねてみましょう

　カフェで二人が話しています。

69

이미애 : 일요일에 어디에 갑니까?

마에다 : 남대문 시장에 갑니다.
　　　　저, 근데 거기는 한복을 팝니까?

이미애 : 네, 많이 팝니다.

発音

갑니까?	[감니까] ☞ [감] の終声の [ㅁ] は唇を閉じて 1 拍で発音。
남대문	☞ [남] の終声の [ㅁ] は唇を閉じて1拍で発音。
한복	☞ [한] の終声の [ㄴ] は舌の先の音。唇を閉じないように注意。
팝니까?	[팜니까]
많이	[만히→마니]

일요일	【日曜日】		한복	【韓服】韓国の民族衣装、チマチョ ゴリ (치마저고리)
갑니까? 〈가(다)+ㅂ니까〉	行きますか?		-을	～を (助詞)
남대문	【南大門】		팝니까? 〈팔→파+ㅂ니까?〉	売りますか?・売っていますか?
시장	【市場】		많이	たくさん
갑니다	行きます		팝니다 〈팔→파+ㅂ니다〉	売ります・売っています
근데	ところで・だけど・しかし・그런데 の話し言葉			

知っ得ポイント

70

◆ 曜日

日曜日から土曜日を韓国語にすると、以下のようになります。

日曜日	月曜日	火曜日	水曜日	木曜日	金曜日	土曜日
일요일	월요일	화요일	수요일	목요일	금요일	토요일

◆ 日本語と異なる助詞

日本語の「～に乗る-을/를 타다」や「～に会う-을/를 만나다」、「～が分かる・分か
らない-을/를 알다・모르다」、「～が上手だ・下手だ-을/를 잘하다・잘 못하다」、「～が
好きだ・嫌いだ-을/를 좋아하다・싫어하다」などの場合、韓国語では助詞は-을/를を
用いるので注意が必要です。

文法

1 −을 / 를「〜を」(助詞)

71

| 子音終わりの名詞 + | 을（連音化） |
| 母音終わりの名詞 + | 를 |

아침 밥을 먹습니까?　　　　　　　　　　　(아침 朝・朝ごはん　밥 飯・ごはん)

누구를 찾습니까?　　　　　　　　　　　　　　　(찾다 探す)

　練 習

適当な助詞を入れてみましょう。

① 잡지(　　　) 읽습니다.　　　　　　　　　　(잡지【雑誌】　읽다 読む)

② 문(　　　) 닫습니다.　　　　　　　　　(문【門】ドア　닫다 閉める)

2 −ㅂ니다 / ㅂ니까?「〜です (か) / ます (か)」(丁寧形の합니다体)

　母音終わりの語幹 (母音語幹) の합니다体の丁寧形には、−ㅂ니다 / ㅂ니까?を用います。
　−습니다 / 습니까?や −ㅂ니다 / ㅂ니까?が付いた丁寧形は、「〜です / ます」という
意味以外に、「〜ています」と繰り返し行われることや習慣的な事柄の表現にも用いる
ことがあります。

（합니다体）
母音終わりの語幹 + 　　**ㅂ니다 / ㅂ니까?**

	語幹	語尾	
する		**다**　　(基本形)	하다
します・しています	**하**	**ㅂ니다**　(丁寧形)	합니다
しますか・していますか		**ㅂ니까?**　(丁寧形)	합니까?
である / ではない		**다**　　(基本形)	이다 / 아니다
であります / ではありません	**이 / 아니**	**ㅂ니다**　(丁寧形)	입니다 / 아닙니다
でありますか / ではありませんか		**ㅂ니까?**　(丁寧形)	입니까? / 아닙니까?

무엇을 합니까?

한국 영화를 좋아합니다.

 練 習

適当な形にしてみましょう。

① 언제 (오다 →   )?   (오다 来る)

② 친구를 (만나다 →   ).   (만나다 会う)

---

3 ㄹ語幹の丁寧形 (합니다体)

72

語幹末が ㄹ [リウ ℓ] の語幹 (ㄹ語幹) は、ㄹが脱落して −ㅂ니다 / ㅂ니까? が付きます。

(※ 終声の ㄹ は ㅅ、ㅂ、오、ㄴ が続くと脱落)

 | ㄹ終わりの語幹 + | (ㄹ脱落) **ㅂ니다 / ㅂ니까?** |

	語幹	語尾	
知る・分かる	**알**	다　　(基本形)	알다
知っています・分かります	↓	ㅂ니다　　(丁寧形)	압니다
知っていますか・分かりますか	**아**	ㅂ니까?　　(丁寧形)	압니까?

한국 음식을 만듭니다.　　〈만들→만드 + ㅂ니다〉

(음식【飲食】・料理　만들다 作る)

머리가 깁니다.　　〈길→기 + ㅂ니다〉

(머리 髪・頭　길다 長い)

 練 習

합니다体にしてみましょう。

① 저는 서울에 (살다 →   ).   (살다 住む)

② 너무 (힘들다 →   ).   (너무 あまりにも　힘들다 きつい・難しい)

1. 「～を」に当たる助詞を( )に入れてみましょう。

① 옷(　　　) 입습니다.

② 음악(　　　) 듣습니다.

③ 커피(　　　) 좋아합니다.

単語

옷 服	입다 着る	듣다 聞く・聴く	커피 コーヒー

2. 例のように丁寧形にしてみましょう。

			-ㅂ니까?	-ㅂ니다.
보기	되다	なる・よい	됩니까?	됩니다.
	보다	見る		
	오다	来る		
	크다	大きい		
	생각하다	考える・思う		
	모르다	分からない・知らない		
	다르다	異なる・違う		
	만나다	会う		
	내다	出す・払う		
	쓰다	使う・書く		
	사다	買う		
	비싸다	(値段が) 高い		
	싸다	安い		
	시작하다	始める・始まる		
	내리다	降りる		

3. 例のように합니다体にして日本語に訳してみましょう。

보기 술을 _____**팝니까**_____?　　お酒を売っていますか?　　　　　　　　　（술 酒）

① 문을 _____.　　　　　　　　　　　　　　　　　（열다 開ける）

② 친구하고 _____?　　　　　　　　　　　　　　（놀다 遊ぶ）

③ 전화를 _____?　　　　　　　　　　　　　　（걸다 かける）

④ 길이 _____.　　　　　　　　　　　　（길 道　멀다 遠い）

4. 例のようにあなたの一週間の予定を話してください。
   友達と習い事について一週間の過ごし方を話しています。

73

월	화	수	목	금	토	일
수영	수영		태권도			

A: 월요일과 화요일은 수영을 합니다.

B: 아, 그래요? 운동을 좋아합니까?

A: 네, 아주 좋아합니다.　　　　　　　　（아주 とても）

　　그리고 목요일에는 태권도를 배웁니다.

B: 와!

単語

배우다
学ぶ・習う

와!
わ～!
（間投詞）

제 *18* 과　ショッピングしてみましょう

 **スキット**　お店でショッピングしています。

마에다 : **여기 전화 카드 팔아요?**

점　원 : **아니요, 없어요.**

마에다 : **교통 카드는요?**

점　원 : **교통 카드는 있어요.**

마에다 : **일본 돈 받아요?**

점　원 : **네, 받습니다.**

 **発音**

여기	☞ [ㄱ] を鼻濁音で発音しないこと、韓国語母語話者には [영이] [零が] に聞こえることがある。
전화	[저놔] ☞ [놔] は1拍で発音。早いスピードの会話では [나] と発音することもある。
팔아요?	[파라요]
없어요	[업서요 → 업써요] ☞ [업] の終声の [ㅂ] は唇を閉じること。
교통 카드는요?	[교통카드는뇨] (☞ p.81)
받습니다	[받씀니다 / 바씀니다]

카드	カード	있어요	あります、있습니다と同じ意味
팔아요?	売っていますか?、팝니까?と同じ意味	돈	お金
없어요	ありません、없습니다と同じ意味	받아요?	受け取りますか?、받습니까?と同じ意味
교통	【交通】	받습니다	受け取ります
-요?	〜ですか(丁寧形終助詞)		

知っ得ポイント

◆外来語の発音

　英語などの外来語の発音は、それぞれの国の人々が発音しやすい形で変化していることが多いので、話しても通じないことがあります。例えばCardという単語は、日本語では「カード」[kaːdo]と発音しますが、韓国語では카드[kadɨ]と発音します。Taxiも日本語では「タクシー」[takuɕiː]ですが、韓国語では택시[tɛkɕʰi]と発音します。また、英語の[f]は、日本語では[h]に、韓国語では[pʰ]と発音されるので、例えばCoffeeはコーヒー[koːhiː]・커피[kəpʰi]、Franceはフランス[huɯraŋsɯ]・프랑스[pʰiraŋsi]となります。

　そのため、日本式で発音してもなかなか通じないことがあります。

文法

1 −요(?)「〜です(か)」(丁寧形終助詞)

76

　体言（名詞・代名詞・数詞）や副詞、助詞、語尾などに付いて、表現を丁寧にする助詞です。−요を落とすと、丁寧な意味だけはなくなりますが、文としては完全な形で残ります。

> 아니요, 괜찮아요. (아니, 괜찮아.)
>
> 학교에요? (학교에?)
>
> 책요? (책?)
>
> 정말요? (정말?)　　　　　　　　　　　　　　　（정말 ほんとう・ほんとうに）

知っ得ポイント

◆ −요は−(이)요とも

　丁寧な終助詞の−요を、最近は−(이)요の形で使う人もいます。−이は直前にパッチㅁのある場合に付けるのですが、요[jo]の発音の[이j]の影響、または−이에요の−이の影響からの類推によるものと思われます。

◆ −어(요) / 아(요)の4つの意味合い

　「〜(し)ます」、「〜(し)ています」、「〜(し)てください」、「〜(し)ましょう」

 練 習

　−요を付けて丁寧な表現にしてみましょう。

① 언제? ― 월요일. → (　　　　　　?) ― (　　　　　　.)

② 정말 미안해. → 정말 (　　　　　　.)　　　　　　　　（미안해 ごめんね）

118

2 −어요(?) / 아요(?)「〜です（か）/ ます（か）」〈1〉（丁寧形の해요体）

　打ち解けた場面で使う親しみを含んだ丁寧形は、語幹に−어요 ／ 아요を付けます。−어요 ／아요の요は **1** で学んだ丁寧形終助詞の요で、語尾の最後に요がついた形を一般に해요体と言います。요を付けなければ丁寧でない表現（해体）となります。

　−어と−아の使い分けについては、基本的には語幹に−어（陰母音）が付きますが、語幹末の母音がト・ト・エ（陽母音）の場合には、−아（陽母音）が付きます。（母音調和）

	（해요体）	
	語幹 +	**어 + 요**
	ト・ト・エ の語幹 +	**아 + 요**

	語幹	語尾		
ある・いる	있 ㉑	**다**	（基本形）	있다
あります・います		**어** ㉑ **+ 요**	（丁寧形）	있어요
ありますか・いますか		**어** ㉑ **+ 요?**	（丁寧形）	있어요?
売る	팔 ㉒	**다**	（基本形）	팔다
売ります・売っています		**아** ㉒ **+ 요**	（丁寧形）	팔아요
売りますか・売っていますか		**아** ㉒ **+ 요?**	（丁寧形）	팔아요?

무슨 책을 읽어요?

저하고 생일이 같아요.

 練 習

打ち解けた場面で使う해요体の丁寧形にしてみましょう。

① 후지산은 아주 (높다 →　　　　　　　　　　). 　（후지산 富士【山】　높다 高い）

② 돈이 좀 (적다 →　　　　　　　). 　　　　　　　（좀 ちょっと）

練習

1. 終助詞の −요をつけて丁寧な表現にしてみましょう。

① A：담배 있어요?

　　B：네? 뭐(　　　　　)?

　　A：담배요.

② A：우산을 찾아요?

　　B：아니(　　　　　).

　　A：그러면 뭘 찾아요?　　　　　　　　　　　　（뭘 何を、무엇을の話し言葉）

　　B：열쇠를 찾아요.

単語

담배 タバコ		우산 【雨傘】		열쇠 鍵	

---

2. 例のように打ち解けた場面で使う해요体の丁寧形にしてみましょう。

		-어요? / 아요?	-어요. / 아요.
보기 알다	分かる・知る	알아요?	알아요.
많다	多い		
좋다	良い		
싫다	いやだ		
멀다	遠い		
만들다	作る		
닫다	閉める		
힘들다	きつい・難しい		
괜찮다	大丈夫だ		
재미있다	面白い・楽しい		
맛있다	美味しい		

3. 例のように丁寧形にしてみましょう。

보기 조금 / 늦다 / 얼마나　　　　　　　　　　（얼마나 どれくらい）

　　조금 늦어요. — 얼마나요?　　　少し遅れます。　　— どれくらいですか?

① 무엇 / 을·를 / 먹다? / 라면　　　何を食べますか?　　— ラーメンです。

② 생선 / 이·가 / 싫다 / 정말?　　　お魚が嫌いです。　　— 本当ですか?

③ 신발 / 을·를 / 벗다 / 왜?　　　履物を脱ぎましょう。　— なぜですか?

単語

조금 少し		늦다 遅い・遅れる		라면 ラーメン	
생선 【生鮮】 魚		신발 履物		벗다 脱ぐ	

---

4. 市場で買い物をしています。食材をそろえて下さい。

한국어

A: 쇠고기 있어요?

B: 쇠고기요? 쇠고기는 없어요.

A: 어이구! 그럼, 돼지고기는요?　　　　（어이구 あら、おや）

B: 네, 있어요. 맛있어요!

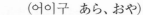
78

単語

쇠고기 牛肉（会話では소고기とも言う）		돼지고기 豚肉	

TASK4 1週間の予定について話し合ってみましょう

次の順に沿って会話活動をしてみましょう。

Step1. 以下の文をみんなで韓国語で言ってみましょう。합니다体で言ってください。

平日	月	英語の勉強をします。英語は少し難しいです。	パターン1の会話
	火	料理を習っています。料理教室は楽しいです。	
	水	韓国の映画を観ます。韓国の映画が好きです。	パターン2の会話
	木	水泳をしています。スポーツが好きです。	
週末	金	南大門市場に行きます。そこでカバンを買います。ショッピングは本当に楽しいです。	
	土	友だちに会います。友だちと韓国の食べ物を食べます。韓国料理は本当に美味しいです。	

<공부【工夫】 勉強>

Step2. 2人ずつペアになってください。その後、平日と週末の予定の書かれているカードが配られます。配られたカードの韓国語がすらすら言えるように練習してください。

【カードの例】
월：영어 공부를 합니다. 영어는 조금 어렵습니다.
금：남대문 시장에 갑니다. 거기에서 가방을 삽니다. 쇼핑은 정말 재미있습니다.

【カードの例】
목：수영을 합니다. 스포츠를 좋아합니다.
토：친구를 만납니다. 친구하고 한국 음식을 먹습니다. 한국 음식은 정말 맛있습니다.

Step3. ペアの人と例にならって話し合ってみましょう。

【会話例1】（パターン1の会話）

A：(월)요일에 무엇을 합니까?　　　　　B：(영어 공부를 합니다).
A：(영어)은 / 는 (어렵습니까)?　　　　B：네, (조금 어렵습니다).

A：(금)요일에는 무엇을 합니까?　　　　B：(남대문 시장에 갑니다).
A：아, 그래요? 거기에서 무엇을 합니까?　　B：(가방을 삽니다).
A：(쇼핑)을 / 를 좋아합니까?　　　　　B：네, 많이요. (쇼핑)은 / 는 정말 (재미있습니다).

【会話例2】（パターン2の会話）

A：(목)요일에 무엇을 합니까?　　　　　B：(수영을 합니다).
A：(스포츠)을 / 를 좋아합니까?　　　　B：네, (스포츠)은 / 는 다 좋아합니다. <다 すべて・全部>

A：(토)요일에는 무엇을 합니까?　　　　B：(친구를 만납니다).
A：아, 그래요? 친구하고 무엇을 합니까?　　B：(한국 음식을 먹습니다).
A：(한국 음식)을 / 를 좋아합니까?　　　B：네, 많이요. (한국 음식)은 / 는 정말 (맛있습니다).

122

61. **뒤**　後ろ
우체국은 은행 뒤에 있어요.
郵便局は銀行の後ろにあります。

62. **먹다**　食べる
아침에는 매일 빵을 먹어요.
朝は毎日パンを食べます。

63. **함께**　共に・一緒に
언니하고 함께 살아요.
お姉さんと一緒に暮らしています。

64. **듣다**　聞く・聴く
요즘은 케이팝을 많이 들어요.
最近はK-POPをたくさん聴きます。

65. **들다**　(手に) 持つ
가방 좀 들어 주세요.
ちょっとかばん持ってください。

66. **가장**　一番、最も
그것이 가장 문제입니다.
それが最も問題です。

67. **눈**　目
여동생은 눈이 예뻐요.
妹は目がきれいです。

68. **점**　点・ところ
그 점이 마음에 들어요.
その点が気に入っています。

69. **곳**　所
표 사는 곳(표 파는 곳)이 어디예요?
切符買う所 (切符売り場) はどこですか?

70. **정부**　政府
정부의 발표가 있었습니다.
政府の発表がありました。

71. **마음**　心・気・気持ち
우리 엄마는 마음이 넓어요.
うちのママは心が広いです。

72. **나다**　出る、出来る、生じる
콧물이 나요. 그리고 열도 나요.
鼻水が出ます。そして熱も出ています。

73. **위**　上
책상 위에 뭐가 있어요?
机の上に何がありますか?

74. **세계**　世界
세계 여행을 하고 싶어요.
世界旅行をしたいです。

75. **사실**　事実
그 뉴스가 사실이에요?
そのニュースが事実ですか?

76. **전**　前
조금 전에 왔어요.
少し前に来ました。

77. **안**　内・内部・中
방 안에 있어요.
部屋の中にあります。

78. **많이**　たくさん
많이 드세요.
たくさん召し上がってください。

79. **시작하다**　始める・始まる
수업은 몇 시에 시작해요?
授業は何時に始まりますか?

80. **느끼다**　感じる
가족의 사랑을 느껴요.
家族の愛を感じます。

제 **19** 과　休みのときの計画を話してみましょう

🎵 79

スキット　二人が休みの計画を話しています。

마에다 : 겨울 방학에 제주도에 가요.

이미애 : 제주도에서 뭘 해요?

마에다 : 친구가 일본에서 와요.
　　　　그래서 같이 여행을 해요.

이미애 : 아, 그래요!

제주도	☞ 도をの [ㄷ] は母音間で有声音化して [d] と発音する。
뭘 해요?	[뭐래요] ☞ 普通の会話では、[ㄹ] と [해] は連音化して [래] となる。
같이	[가치] ☞ 口蓋音化（☞ p. 125）

単語

겨울	冬	와요	来ます、옵니다の해요体
제주도	【済州島】	그래서	それで
가요	行きます、갑니다と同じ意味	같이	一緒に
-에서	〜で・から (助詞)	그래요!	そうですか・そうなんですね、그렇습니까の해요体
해요?	しますか?、합니까? の해요体		

知っ得ポイント

80

◆ 口蓋音化

　終声(パッチm)の ㄷ、ㅌ後に이が続くと、連音化して [디]、[티]となるはずですが、発音が変化して [지]、[치]となります。初声が舌の先の音ではなく口蓋音に変化するので、口蓋音化と言われています。

굳이 [구디 → 구지] 　　　　　　あえて
끝이에요 [끄티 → 끄치에요] 　　終わりです

文法

1 −에서「～で / ～から」（助詞）

動作が行われる場所の後に付いて、「～で」という意味を表す助詞です。出発点を表す「～から」の意味でも用い、名詞のパッチmの有無に関係なく付きます。ちなみに時間を表す名詞には−부터を用いることが多く、また「～まで」という助詞は−까지です。

화장실에서 손을 씻어요. （손 手　씻다 洗う）

도쿄에서 교토까지는 좀 멀어요.

월요일부터 금요일까지 시험이에요.

練習

適当な助詞を入れてみましょう。

① 집(　　　) 학교까지 몇 분 걸립니까? （걸리다 かかる）

② 공원(　　　) 사진을 찍어요. （찍다 撮る）

2 −어요(?) / 아요(?)「～です（か）/ ます（か）」〈2〉（丁寧形の해요体）

前課に続き、打ち解けた場面で使う親しみを含んだ丁寧形について学習します。今回は語幹末が母音で終わり、また母音の−어 / 아が続いてしまうため、母音が1つ脱落したり、二重母音化が起きたりするケースを学びます。

| ㅓ・ㅕ・ㅐ・ㅔ終わりの語幹 ＋ | 어（脱落）＋요 |
| ㅏ終わりの名詞 ＋ | 아（脱落）＋요 |

	語幹	語尾	
立ちます・停まります	서	(脱)어 + 요	서요
送ります	보내		보내요
買います・買っています	사	(脱)아 + 요	사요

여기에 지하철 삼 호선이 서요? （지하철【地下鉄】　선【線】）

가게에서 뭘 사요? （가게 店）

		┬・ㅣ終わりの語幹 +	어 → ᅯ・ᅧ + 요
		ㅗ母音終わりの名詞 +	아 → ᅪ + 요

	語幹	語尾	
学びます・習います	배우 ⑳	어 ⑳ + 요	배(우어)요 → 배워요
降ります	내리 ⑳		내(리어)요 → 내려요
来ます	오 ⑳	아 ⑳ + 요	(오아)요 → 와요

어디에서 돈을 바꿔요?　　　　　　　　　　(바꾸다 替える・換える・代える)

누구를 기다려요?　　　　　　　　　　　　　　(기다리다 待つ)

집에서 TV(티브이)를 봐요.　　　　　　　　　(티브이 テレビ)

		하終わりの語幹 +	여 → 하여 → 해 + 요

語幹末が하の場合は特別な形の−여が付き、更に母音が「ㅐ」に変化して해となります。

	語幹	語尾	
します・しています	하	여 + 요	(하여)요 → 해요

혼자서 공부해요?　　　　　　　　　　　　　(혼자서 一人で)

		이終わりの語幹 +	어 → 이어 + 요 → 이에요 / 예요

名詞に付く−이の場合も、−이어요が−이에요 / 예요と特別に変化します。

	語幹	語尾	
(名詞) です	이	어 + 요	이어요 → 이에요 / 예요

이게 뭐예요?

생일 선물이에요.　　　　　　　　　　　　(선물【膳物】プレゼント)

		ᅱ・ᅬ終わりの語幹 +	어 → ᅱ어・ᅫ + 요

	語幹	語尾	
休みます	쉬	어 + 요	쉬어요
なります・OK です	되	어 + 요	돼요

회사를 왜 쉬어요?　　　　　　　　　　　　(쉬다 休む)

이 카드 돼요?

練習

1. 意味に注意して「~で / ~から / ~まで」をあらわす助詞を入れ、日本語に訳してみましょう。

① 인천 공항(　　) 경복궁(　　) 어떻게 가요?　　　　（어떻게 どのように）

② 여자 친구하고 극장(　　) 영화를 봅니다.

③ 아침(　　) 저녁(　　) 편의점(　　) 일합니다.

単語

인천 【仁川】韓国の西海岸にある都市、国際空港がある	공항 【空港】	경복궁 【景福宮】韓国の王宮
극장 【劇場】・映画館	편의점 【便宜店】コンビニ	저녁 夕方・夕飯 / 일하다 仕事をする・働く（일仕事）

2. 例にならって親しみを含んだ丁寧形（해요体）にしてみましょう。

		-어 / 아 / 여(요)
보기 지내다	過ごす	지내요
내다	出す・払う	
세다	数える・強い	
켜다	(電気などを)点ける	
나가다	出て行く・出る	
주다	あげる・くれる	
보다	見る	
기다리다	待つ	
뛰다	走る・駆ける	
말하다	話す・言う	
편하다	楽だ	
이다/아니다	~である/ではない	

3. 例にならって親しみを含んだ丁寧形 (해요체) にし、日本語に訳してみましょう。

> 보기 매일 회사에 다닙니다. → 매일 회사에 다녀요.　毎日会社に通います。
>
> (매일【毎日】 요즘 この頃・最近)

① 요즘 학생은 춤을 잘 춥니다.　　　→

② 한국에서 언제 돌아옵니까?　　　→

③ 공원에서 자전거를 탑니다.　　　→

単語

다니다	추다	돌아오다	자전거
通う	踊る	帰ってくる・帰る・戻る	【自転車】

4. 連休のときの計画を友達と話し合って下さい。

83

> A: 휴일에 어떻게 지내요?
>
> B: 저는 서울에 가요.
>
> A: 정말요? 서울에서 뭘 해요?
>
> B: 백화점 구경을 해요.
>
> 　그리고 불고기를 먹어요.
>
> 　지혜 씨는 뭘 해요?
>
> A: 음……, 저는 집에서 쉬어요.
>
> B: 아, 그래요.

単語

휴일【休日】	구경 見物
불고기 プルコギ	음 う～ん (間投詞)

注文してみましょう

 スキット　食堂での会話です。

마에다 : 저기요. 여기 김치찌개하고 파전 하나,
　　　　그리고 맥주 한 병 부탁합니다.

점　원 : 잠시만요.

－－－－－－－－－－－－－－－－－－－－－－－－－

이미애 : 김치찌개 맵지 않아요?

마에다 : 맵지 않습니다. 아주 맛있어요.

 発音

저기	☞ [기] の [ㄱ] は鼻濁音で発音しないこと。
김치	☞ [김] の [ㅁ] は唇を閉じること。[キムチ] と発音しないこと。
맥주	[맥쭈] ☞ [맥] の [ㄱ] は舌の奥を上あごに付けること。
잠시만요	[잠시만뇨] ☞ [잠] の [ㅁ] は唇を閉じること。
맵지 않아요?	[맵찌아나요] ☞ [맵] の [ㅂ] は唇を閉じること。（ ☞ p.131）
맵지 않습니다	[맵찌안씀니다] （ ☞ p.131）

単語

저기요	(呼びかけの) すみません・あの (ですね)	맥주	【麦酒】ビール
김치찌개	キムチ鍋 (김치「キムチ」、찌개「チゲ・鍋物」)	병	【瓶】・本 (助数詞)
파전	ねぎチヂミ (파「ねぎ」、전「チヂミ」)	잠시만요	しばらくお待ちください (잠시「しばらく」、– 만「だけ (助詞)」)
하나	1つ (後に助数詞が続くときの形は한)	맵지 않아요? 맵지 않습니다	辛くないですか? 辛くないです

知っ得ポイント

85

◆않아요と않습니다の発音

子音が二つのパッチ m のうち ㅎ を含むパッチ m の発音の変化を確認しましょう。

〈 後に母音が続く場合 〉

左側の子音は終声として残り、右側のパッチ m は続く母音と連音化します。

않아요 [안하요 → 아나요]　(많이 [만히 → 마니] 多く・たくさん)

〈 後に子音の ㅅ が続く場合 〉

ㅎ の終声は [ㄷ tˈ] ですので、続く ㅅ は濃音化します。その後 ㅎ [ㄷ tˈ] は脱落します。

않습니다 [안(ㄷ)습니다 → 안씁니다]　(많습니다 [만씀니다] 多いです)

〈 後に平音が続く場合 〉

ㅎ は続く平音と激音化します。

않지만 [안치만]　(많고 [만코] 多くて)

文法

1 하나·둘·셋·넷「ひとつ·ふたつ·みっつ·よっつ」（固有数詞）

86

日本固有の数え方の「ひい·ふう·みい」に当たる韓国語の固有の数え方です。漢字の伝来以前の数え方ですので、発音に類似性は見られません。

1	2	3	4	5	6	7	8	9	10
하나	둘	셋	넷	다섯	여섯	일곱	여덟	아홉	열
10	20	30	40	50	60	70	80	90	百から漢数詞
열	스물	서른	마흔	쉰	예순	일흔	여든	아흔	백

■ 助数詞が付くと形が変わる固有数詞

> 하나 → 한　　둘 → 두　　셋 → 세　　넷 → 네　　스물 → 스무

■ 固有数詞を用いる助数詞

시【時】	시간【時間】	개【個】	번 回	장【張】枚	잔 杯
권【巻】·冊	사람 人	분 方·名様	그릇 杯·碗	살 才·歳	명【名】

지금 오전 열한 시 반이에요.　　　　　　　　　（반【半】）

저는 스물두 살이에요.

知っ得ポイント

◆ 時刻の表現（固有数詞＋시、漢数詞＋분）

　　韓国語の時刻の表現は시「時」には固有数詞の한·두·세·네を、분「分」には漢数詞の일·이·삼·사を当てます。理由ははっきりしませんが、恐らく「時」に関しては、古くから「時」を計る術（すべ）を持っていたためだと思われます。「分」に漢数詞を当てるのは、分針により時間を細かく計ることが、新概念であるためではないかと推測します。同じ年齢を表す助数詞の살と세についても、漢数詞を用いる세【歳】は外国から到来した漢字を用いた書き言葉（事務的な表現）に、固有数詞を用いる살は古くからの会話で習慣的に使っているためだと思います。他の助数詞も、古来の概念かそうでないかを想像すると、ある程度は使い分けのヒントになると思います。

1時1分: 한 시 일 분

6時6分: 여섯 시 육 분

2 −지 않다「〜ではない」(否定表現)

87

用言(動詞や形容詞)を否定する表現には二通りの方法がありますが、ここでは日本語と同じく、語幹の後に付ける(後置否定)否定形語尾を中心に学習します。

■ 否定表現：語幹 + 지 않(다) + 아요 / 습니다

語尾の−지 않다を用言語幹の後に続けると否定表現になります。語幹末の子音の有無や母音の陰陽に関係なく、語幹にそのまま付けることができます。−지 않다の다の代わりに−아요や−습니다を付けると丁寧に否定をする表現になります。

	語幹		語尾	
辛い	맵		다 (基本形)	맵다
辛くない			다 (否定形)	맵지 않다
辛くありません		지 않	아요	맵지 않아요
			습니다	맵지 않습니다
停まる	서		다 (基本形)	서다
停まらない			다 (否定形)	서지 않다
停まりません		지 않	아요	서지 않아요
			습니다	서지 않습니다

값이 너무 비싸지 않아요? (값 値段)

그 물건은 마음에 들지 않습니다.

(물건【物件】品物　마음 心　들다 入る　마음에 들다 気に入る)

知っ得ポイント

◆ 안 〜 (前置否定)

用言の前に안(←아니)という副詞を置いても否定することが出来ます(形容詞に안〜を用いると、書きことばでは不自然な表現になる場合があります)。また、있다の否定表現は없다となります。

비싸지 않아요 / 않습니다 = 안 비싸요 / 안 비쌉니다

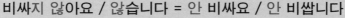

練習

2つの否定の表現で答えてみましょう。

① 토요일에 학교에 가요? ― 아니요, (　　　　　・　　　　　).

② 시험이 어려워요? ― 아니요, (　　　　　・　　　　　).

練習

1. 表の空欄に助数詞に注意しながら固有数詞を入れてください。

		명（名）	시간（時間）	개（個）
1	하나			한 개
2		두 명		
3	셋			
4			네 시간	
5		다섯 명		
6				여섯 개
7	일곱			
8			여덟 시간	
9				아홉 개
10		열 명		

2. 例にならって、数字は韓国語にし、文末を해요体の丁寧形に変えて一日の予定を答えてみましょう。

> 보기　7시에 일어나다. → 일곱 시에 일어나요.

① 8시에 아침을 먹다.　　　　　　→

② 4시까지 수업이다.　　　　　　→

③ 5시부터 아르바이트를 하다.　　→

④ 12시에 자다.　　　　　　　　→

単語

일어나다
起きる

아르바이트
アルバイト

자다
寝る

3. 2つの否定の表現で答えてみましょう。

① 여름에는 양말을 신어요?

아니요, _____. / _____.

② 서울역에서 남대문 시장까지는 멀어요?

아니요, _____. / _____.

③ 한국 음식을 좋아해요?

아니요, _____. / _____.

単語

| 양말
【洋襪】
くつした | | 신다
履く | |

---

4. 食堂で注文をして下さい。

 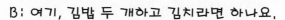

A: 어서 오세요.

B: 여기, 김밥 두 개하고 김치라면 하나요.

A: 네, 알겠습니다. 물은 셀프입니다.

B: 근데 김치라면 짜지 않아요?

A: 아니요, 안 짜요.

88

単語

| 김밥
のりまき | | 알겠습니다
かしこまりました | | 물
水 | |
| 셀프
セルフ (= セ
ルフサービス) | | 짜다
塩っぱい | | | |

TASK5 週末の計画を話し合い、会う約束をしてみましょう

次の順に沿って会話活動をしてみましょう。

Step1. 以下の文をみんなで韓国語で言ってみましょう。해요体で言ってください。

> ・コンサートホールに行きます。K-POPコンサートは土曜日の夕方の7時半に始まります。
> ・登山に行きます。10月16日の土曜日に雪岳山に行きます。そこで絵を描きます。
> ・マート（スーパー）に行きます。日曜日の午前11時に家の近くのマート（スーパー）で魚と
> 　鶏肉を買います。
> ・映画館に行きます。バス停留所の隣の映画館で日曜日の午後3時から5時までドイツ映画を
> 　観ます。
> ・カラオケに行きます。駅前のカラオケで土曜日の午後8時から2時間韓国の歌を歌います。
> ・公園に行きます。日曜日の朝9時に9号線のオリンピック公園で自転車に乗ります。

<콘서트홀 コンサートホール、케이팝 K-POP、설악산 雪岳山、그려요 描きます、마트 マート、
닭고기 鶏肉、노래방 カラオケ、불러요 歌います、올림픽 オリンピック>

Step2. 配られたカードの韓国語をすらすら言えるように練習してください。

> 【例】
> ・콘서트홀에 가요. 케이팝 콘서트는 토요일 저녁 일곱 시 반에 시작해요.

Step3. 互いに予定を尋ね合い、自分と同じ予定の人を探してください。

【予定の合わない会話例】

A : 주말에 뭐 해요?　　　　　　　　　　　B : 등산을 가요.

A : 그래요? 나랑 예정이 달라요.　　　　　　　　<주말【週末】、나 わたし、예정【予定】>

【予定の合う会話例】

A : 주말에 뭐 해요?　　　　　　　　　　　B : 콘서트홀에 가요.

A : 진짜요? 나랑 예정이 같아요.　　　　　　　　<진짜 ほんとう・ほんとうに>

Step4. 見つかった同じ予定の人と会う約束をしてください。できるだけ長く話すようにしましょう。

【会話例】

A : 무슨 콘서트에 가요?　　　　　　　　　B : 케이팝 콘서트예요.

A : 무슨 요일에 해요?　　　　　　　　　　B : 토요일요.

A : 시간은요?　　　　　　　　　　　　　　B : 저녁 일곱 시 반요. 우리 같이 가요.

A : 그래요. 언제 어디에서 만나요?　　　　B : 일곱 시에 콘서트홀 앞은 어때요?

A : 네, 좋아요.　　　　　　　　　　　　　B : 그럼, 주말에 만나요.

Step5. 自分の予定についても自由に話し合って発表しましょう。

81. 시대　時代
지금은 디지털 시대예요.
今はデジタル時代です。

82. 보이다　見せる
여권을 보여 주세요.
パスポートを見せてください。

83. 어머니　母・母さん
우리 어머니세요.
うちの母です (←母さんでいらっしゃいます)。

84. 아이　子ども
아이가 너무 귀여워요.
子どもがすごくかわいいです。

85. 왜　なぜ・どうして
왜 늦었어요?
どうして遅れましたか?

86. 얼굴　顔
얼굴이 닮았어요.
顔が似ています。

87. 모두　すべて・全部・全員
이거 모두 얼마예요?
これすべていくらですか?

88. 후　後
잠시 후에 다시 거세요.
しばらく後でまたかけてください。

89. 관계　関係
그거랑 무슨 관계가 있어요?
それと何の関係がありますか?

90. 이러하다　こうだ・このとおりだ
제 생각은 이러합니다.
私の考えはこのとおりです。

91. 경제　経済
대학에서 경제학을 가르쳐요.
大学で経済学を教えています。

92. 모습　姿・様子
엄마의 모습을 닮았어요.
ママの姿に似ています。

93. 갖다　持つ
뭘 갖고 싶어요?
何がほしいですか?

94. 얘기　話
얘기가 재미없어요.
話がつまらないです。

95. 없이　無しで・〜 (せ)ずに
생각 없이 말하지 마세요.
考えなしに言わないでください。

96. 및　および
이름 및 주소를 쓰세요.
お名前及び住所を書いてください。

97. 지금　今
지금 밖에는 비가 와요.
今外には雨が降っています。

98. 남자　男子・男性・男
남자 옷은 몇 층에 있어요?
男性服は何階にありますか?

99. 사이　間
약국은 병원과 은행 사이에 있어요.
薬局は病院と銀行の間にあります。

100. 아버지　父・父さん
아버지는 회사원이세요.
父は会社員です。(←会社員でいらっしゃいます。)

復習4

1. 東大門市場に靴を買いに来ました。
   店員とお客さんになったつもりで、自分に合った靴を探してください。

89

한국어

점원:	어서 오세요.
김지혜:	운동화 있어요?
점원:	네, 있습니다. 발이 몇 사이즈예요?
김지혜:	230이에요.
점원:	네, 알겠습니다. 잠시만요.
	230사이즈 여기 있어요.
김지혜:	얼마예요?
점원:	12만 원입니다.
김지혜:	어머! 너무 비싸요.
점원:	아니요, 비싸지 않아요.
김지혜:	조금 깎아 주세요.
점원:	그럼 10만 원만 주세요.
김지혜:	감사합니다. 10만 원 여기 있어요.
점원:	네, 감사합니다. 또 오세요.

単語

운동화	발	사이즈	여기 있어요
【運動靴】	足	サイズ	はいどうぞ（←ここにあります）

(어머! あら、おや（女性がよく用いる間投詞） 깎아 주세요 まけて下さい)

2. 友達に一日の過ごし方をたずね、時計に書き込んで下さい。

한국어

A : 몇 시에 일어나요?

B : 매일 7시에 일어나요.

A : 바로 아침 식사를 해요?

B : 아니요, 먼저 세수를 해요. 그리고 7시 반에 아침을 먹어요.

A : 아, 그래요. 학교 수업은 몇 시부터 몇 시까지예요?

B : 보통 10시부터 시작해요. 월요일, 수요일, 목요일은 6시까지 수업이 있어요.

　　그리고 화요일과 금요일은 일찍 끝나요.

A : 화요일과 금요일은 수업이 몇 시까지 있어요?

B : 3시까지 있어요. 그래서 4시부터 아르바이트를 해요.

A : 아르바이트는 몇 시까지 해요?

B : 8시까지 4시간 해요.

A : 그럼 집에는 몇 시에 돌아가요?

B : 밤 10시요.

A : 아, 그래요.

単語

세수		끝나다		돌아가다		밤	
【洗手】 顔を洗う		終わる		帰る・戻る (←帰っていく・ 戻っていく)		晩・夜	

(먼저 まず・先に　보통【普通】　일찍 早く)

よく使う助詞

-도　〜も

同じことや物が他にもあるという意味で、添加を表わす助詞です。パッチmに関係なく付きます。

토요일에도 수업이 있어요.
土曜日にも授業があります。

내 여자 친구는 마음도 얼굴도 예뻐요.　　　　　　　　　　(얼굴 顔)
僕の彼女は心も顔もきれいです。　　　　　　　　　　(예쁘다 きれいだ)

-에게 / -에게서　〜に / 〜から

人を表す名詞の後に付く「(誰々)には -에게、「(誰々)から」には -에게서が付きます。また、口語では -한테 / -한테서が対応します(-에게서 / -한테서の「서」は、話し言葉では脱落することもあります)。

친구에게(한테) 편지를 써요.　　　　　　　　　　(편지【便紙】手紙)
友達に手紙を書きます。

친구에게서(한테서) 전화가 와요.
友達から電話が来ます。

보다　〜より

比較の対象を表わす助詞です。パッチmに関係なく付きます。

나는 봄보다 가을이 좋아요.　　　　　　　　　　(봄 春　가을 秋)
私は春より秋が好きです。

일보다 건강이 중요합니다.　　　　(건강【健康】　중요하다【重要-】重要だ)
仕事より健康が重要です。

-으로 / -로　～で／(のほう)へ／に

　手段や方法、材料など「～を使って」という意味を表します。名詞がパッチmで終わる場合は-으로が付き、パッチmの子音と母音の으が必ず連音化します。パッチmのない名詞には -로のみが付きます。ㄹパッチmがある場合も-로のみが付きます。

밥은 숟가락으로 먹어요.　　　　　　　　　　　　（숟가락　さじ・スプーン）
ご飯はスプーンで食べます。

제주도까지 비행기로 가요.　　　　　　　　　　　　（비행기【飛行機】）
済州島まで飛行機で行きます。

한국말로 설명합니다.　　（한국말 韓国のことば　설명하다【説明-】説明する）
韓国語で説明します。

＊方向「～へ」の意味を表わす場合もあります。
이쪽으로 오세요.　　　　　　　　　　　　　　　　　（이쪽 こちら）
こちらへお越しください。

내일 호텔로 가요.
明日ホテルへ行きます。

＊選択する場合にも使われることがあります。

어떤 색으로 하시겠어요?　　　　　　　　　　　（어떤 どんな　색【色】）
どんな色になさいますか？

커피로 하겠어요.
コーヒーにします。

-만　～だけ／のみ

他の物を排除し、ある物事を限定する意を表します。

조금만 더 주세요.
もう少しだけください（←少しだけもっとください）。

日本語のハングル表記

	ア	カ	ガ	サ	ザ	タ	ダ	ナ	ハ	バ	パ	マ	ラ	ワ
ア	아	가(카)	가	사	자	다(타)	다	나	하	바	파	마	라	와
イ	이	기(키)	기	시	지	지(치)	지	니	히	비	피	미	리	ヲ
ウ	우	구(쿠)	구	스	즈	쓰	즈	누	후	부	푸	무	루	오
エ	에	게(케)	게	세	제	데(테)	데	네	헤	베	페	메	레	ン
オ	오	고(코)	고	소	조	도(토)	도	노	호	보	포	모	로	ㄴ
ヤ	야	갸(캬)	갸	샤	자			냐	햐	뱌	퍄	먀	랴	ッ
ユ	유	규(큐)	규	슈	주			유	휴	뷰	퓨	뮤	류	ㅅ
ヨ	요	교(쿄)	교	쇼	조			뇨	효	뵤	표	묘	료	

1．日本語の清音は激音を使います。ただし語頭では平音になります。（パ行は常に激音）

　　　鎌倉　가마쿠라　　　　　徳島　도쿠시마

2．日本語の濁音は平音を使います。

　　　千葉　지바　　　　　　神奈川　가나가와

3．スは스、ズは즈、ツは쓰、チャ・チュ・チョは차・추・초と書きます。

　　　鈴鹿　스즈카　　　　　お茶の水　오차노미즈

4．撥音「ン」はパッチm「ㄴ」、促音「ッ」にはパッチm「ㅅ」を使います。

　　　群馬　군마　　　　　　北海道　홋카이도

5．長音は表記しません。（ローマ字表記を参考にすること）
　　　例えば大阪はO(오)SAKA(사카)と書きます。

　　　兵庫　효고　　　　　　東京　도쿄

■ 文法さくいん ■

145

★ 単語さくいん(1～10課) ★

146

148

149

150

★ 単語さくいん（11〜20課）★

151

152

153

155

よく使うことばで学ぶ韓国語 改訂版

| 検印省略 | © 2010年 1 月 15 日　　初版発行 |
| | 2022年 1 月 30 日 改訂初版発行 |

著　者　　　　　　　　　　　　　　イ・ユニ

水谷清佳

李　南錦

崔　英姫

睦　俊秀

発行者　　　　　　　　　　　　　　原　雅久
発行所　　　　　　　　　株式会社 朝日出版社
〒101-0065　東京都千代田区西神田 3-3-5
電話（03）3239-0271・72（直通）
振替口座　東京　00140-2-46008
http://www.asahipress.com/
㈱剛一／図書印刷

反　切　表

母音 / 子音	ㅏ [a]	ㅑ [ja]	ㅓ [ɛ]	ㅕ [jɛ]	ㅗ [o]	ㅛ [jo]	ㅜ [u]	ㅠ [ju]	ㅡ [i]	ㅣ [i]
ㄱ [k\g]	가 カ	갸 キャ	거 コ	겨 キョ	고 コ	교 キョ	구 ク	규 キュ	그 ク	기 キ
ㄴ [n]	나 ナ	냐 ニャ	너 ノ	녀 ニョ	노 ノ	뇨 ニョ	누 ヌ	뉴 ニュ	느 ヌ	니 ニ
ㄷ [t\d]	다 タ	댜 ティャ	더 ト	뎌 ティョ	도 ト	됴 ティョ	두 トゥ	듀 ティユ	드 トゥ	디 ティ
ㄹ [r\l]	라 ラ	랴 リャ	러 ロ	려 リョ	로 ロ	료 リョ	루 ル	류 ルュ	르 ル	리 リ
ㅁ [m]	마 マ	먀 ミャ	머 モ	며 ミョ	모 モ	묘 ミョ	무 ム	뮤 ミュ	므 ム	미 ミ
ㅂ [p\b]	바 パ	뱌 ピャ	버 ポ	벼 ピョ	보 ポ	뵤 ピョ	부 プ	뷰 ピュ	브 プ	비 ピ
ㅅ [s\ʃ]	사 サ	샤 シャ	서 ソ	셔 ショ	소 ソ	쇼 ショ	수 ス	슈 シュ	스 ス	시 シ
ㅇ [無音\ŋ]	아 ア	야 ヤ	어 オ	여 ヨ	오 オ	요 ヨ	우 ウ	유 ユ	으 ウ	이 イ
ㅈ [tʃ\dʒ]	자 チャ	쟈 チャ	저 チョ	져 チョ	조 チョ	죠 チョ	주 チュ	쥬 チュ	즈 チュ	지 チ
ㅊ [tʃʰ]	차 チャ	챠 チャ	처 チョ	쳐 チョ	초 チョ	쵸 チョ	추 チュ	츄 チュ	츠 チュ	치 チ
ㅋ [kʰ]	카 カ	캬 キャ	커 コ	켜 キョ	코 コ	쿄 キョ	쿠 ク	큐 キュ	크 ク	키 キ
ㅌ [tʰ]	타 タ	탸 ティャ	터 ト	텨 ティョ	토 ト	툐 ティョ	투 トゥ	튜 ティユ	트 トゥ	티 ティ
ㅍ [pʰ]	파 パ	퍄 ピャ	퍼 ポ	펴 ピョ	포 ポ	표 ピョ	푸 プ	퓨 ピュ	프 プ	피 ピ
ㅎ [h]	하 ハ	햐 ヒャ	허 ホ	혀 ヒョ	호 ホ	효 ヒョ	후 フ	휴 ヒュ	흐 フ	히 ヒ

〈合成母音〉

ㅐ [ɛ]	ㅒ [jɛ]	ㅔ [e]	ㅖ [je]	ㅘ [wa]	ㅙ [wɛ]	ㅚ [we]	ㅝ [wə]	ㅞ [we]	ㅟ [wi]	ㅢ [ii]
エ	イェ	エ	イェ	ワ	ウェ	ウェ	ウォ	ウェ	ウィ	ウィ